大学生安全管理理论与实务

主　编　余小英

副主编　郑简平　宋　刚　任黎立

参　编　薛　婧　易　恬　张　哲

赵彦辉　潘宇森　曾　晓

西南交通大学出版社

·成　都·

图书在版编目（CIP）数据

大学生安全管理理论与实务 / 余小英主编. 一成都：西南交通大学出版社，2018.11
ISBN 978-7-5643-6597-4

Ⅰ. ①大… Ⅱ. ①余… Ⅲ. ①大学生－安全教育 Ⅳ. ①G641

中国版本图书馆 CIP 数据核字（2018）第 266738 号

大学生安全管理理论与实务

主编　余小英

责任编辑	吴　迪
特邀编辑	陈海燕　杨书梦
封面设计	严春艳
出版发行	西南交通大学出版社 （四川省成都市二环路北一段 111 号 西南交通大学创新大厦 21 楼）
发行部电话	028-87600564　028-87600533
邮政编码	610031
网址	http://www.xnjdcbs.com
印刷	成都中永印务有限责任公司
成品尺寸	185 mm × 260 mm
印张	9
字数	197 千
版次	2018 年 11 月第 1 版
印次	2018 年 11 月第 1 次
书号	ISBN 978-7-5643-6597-4
定价	32.00 元

课件咨询电话：028-87600533
图书如有印装质量问题　本社负责退换

序　言

大学是人们追求知识、完善自我、实现理想的殿堂，是人们心中的一片净土。校园需要文明的环境和良好的秩序，对安全和稳定有很高的要求。大学生安全管理教育是高校思想政治教育和素质教育的重要内容，也是保障大学生人身和财务安全，维护高校正常教育、科研和管理秩序，促进社会和谐稳定发展的重要措施。当前，随着我国高等教育改革的不断深化，高校办学规模不断扩大，校园社会化、信息化不断发展，大学生安全问题出现了许多新情况，大学生安全管理面临许多新问题。大学生安全问题关系千家万户，涉及社会方方面面．进一步加强新时期大学生安全教育，不仅是高校管理者和教育者的重要责任，更应该成为社会各界共同担当的责任。

正是基于以上认识，我们组织高校从事安全教育工作的领导和辅导员编写了这本《大学生安全管理理论与实务》，既希望全社会（特别是学校、家庭）进一步关注大学生的身心安全，为他们的健康成长创造良好的环境，更希望大学生们热爱生活、珍惜生命，增强自我保护、自我救助的意识和能力。对于学生而言，进行安全管理，有利于提高其安全意识和基本素质，懂得并运用安全知识来维护并促进身心健康发展；对于社会而言，通过学校安全管理，在提高社会个体应急防范能力的同时，提高这个社会的整体应急防控能力，能够有效保障国家及社会、政治、经济、文化、生活等方面的安全，对促进社会和谐发展有一定意义。

《大学生安全管理理论与实务》一书由七章构成，第一章是大学生安全管理概述，从总体上概述了大学生安全管理的必要性、原则和内容、大学生安全管理的目的以及方法四个方面的内容；第二章是大学生政治安全教育管理，分别围绕大学生政治安全管理的重要性、存在的问题、加强政治安全意识与防护的方法三方面展开；第三章是大学生人身及财产安全管理，其中人身安全管理有人身侵犯危机管理、食品药品安全管理及自然灾害预防及应对；第四章是大学生心理健康安全管理，主要是大学生心理危机管理；第五章是大学生网络安全管理，涉及网络不良信息的危害和预防以及大学生网络综合征的危害；第六章是大学生社交安全管理，主要是人际关系处理；第七章是大学生日常安全管理，分别由火灾事故危机应对、集体活动突发险情应对、社会实践活动危机应对及体育运动安全危机应对四方面。

本书根据大学生行为特点和安全防范薄弱环节，立足预防和应对，采用理论结合案例的方法，注重富有实效的案例分析和方法提炼，力求通俗易懂、浅显可读。本书在编写过程中参阅了大量相关书籍和文献资料，在此，特对上述有关单位及编撰人员的辛勤付出表示衷心感谢。同时，本书是对大学生安全管理理论和实务的探索和尝试，疏漏不足之处，敬请赐正。

是为序。

目　录

第一章　大学生安全管理概述

第一节　大学生安全管理的必要性

安全就是人和物受到保障、免受威胁的状态。安全是人类生存和发展的基础，也是社会存在、发展的前提条件。随着社会的发展，其内涵越来越丰富，而人们遇到的安全挑战也越来越多，大学生安全关系千家万户的幸福，因此社会关注度极高。大学生安全管理是大学生学习、生活的基本保障，也是大学生成长成才的先决条件。构建平安校园的基础是进行大学生安全管理，这也是建设和谐校园的前提，是保证我国高等教育顺利进行和有序发展的必要措施，更进一步讲，也是我国国家安全和保证社会稳定的基石。

一、安全的含义

安全始终是一个既敏感又沉重的话题。然而大学校园的安全管理工作随着社会经济的快速发展和高校改革的日益深化又面临许多新的考验。安全，即人和物受到保护，没有危险，不受惊吓、损失和伤害，不出事故的状态。

安全管理，是指根据国家有关法规，运用科学管理的理论和方法，协调各种力量，预防各类事故危害、案件的发生和避免人员非正常伤亡的活动，加强大学生安全管理，能使管理工作者完善事故预防措施，及时排除安全隐患，为大学教育营造平安环境。

大学生安全管理，是指高等学校为了维护学校的正常秩序，维护大学生的人身、财产安全和身心健康，提高大学生的安全防范意识与自我保护技能，从学校实际情况出发，依照国家有关法律、法规的规定，制定各种安全教育与管理的规章制度，并对大学生进行国家法律法规、学校安全规章和纪律、安全知识与防范技能的教育与管理活动。

改革开放四十年来，物流、资金流、信息流的速度不断加快，这也促使我国的社会经济得到了极大的发展。人们在享受社会发展福利的同时，也面临着前所未有的人身安全威胁。大学校园是为社会培养人才的重要场所，营造平安和谐的校园环境，不仅对学校，对整个社会来说都具有深刻的意义。因此，如何做好大学生安全管理工作是一项重大而艰巨的任务。发展是硬道理，但安全才是发展的前提和保障。

二、大学生目前所处的安全环境

大学生大多时间还是处在校园，因此大学生校园安全现状首先是校园安全，谈到校园安全，有必要明确校园安全的内涵。相关学者对“校园安全”的内涵和外延提出了不同的观点，且至今也没有明确的定论。但是，也不难看出这些学者的相同之处，从狭义上讲，校园安全是指校园内个体或群体的生命、健康、财产的安全，也公共安全的含义在校园范围内的自然延伸，包括不被侵害和保全的形态。从广义上说，其内容还包括个人和群体所拥有的合法权益以及公共秩序。总的来说，在校大学生及教职工是校园安全的主体；在校大学生和教职工的身心、财产安全，公共或集体财务安全及大学生、教职工、学校集体所有的著作、发明等知识产权、隐私权、荣誉权等合法权益是校园安全的客体。就现状而言，校园安全存在以下几种威胁：

（一）恶性案件不同程度地存在

如凶杀强奸、抢劫等恶性事件偶有发生。全国一千多所大学中，每年有一千人以上因盗窃作案触犯刑律而被开除学籍、拘留、判刑。据有关专家调查发现，我国在校大学生中或多或少都存在着不同程度的心理不健康因素，而这些不健康因素一旦得不到很好的解决，就容易导致一些难以挽回的后果。还有些学生为达目的不择手段，面对他人的劝解甚至暴力相向。某大学周某，爱上同级女同学，苦苦相求，屡遭拒绝，由爱生恨，于是身藏菜刀闯入该女生宿舍，杀死该女生并砍伤其他相劝的同学。同时，高校人群聚集，往往成为少数极端分子报复社会的目标，他们利用高校学生相对比较单纯、善良的特点，达到自己不可告人的目的。

（二）校园消防安全形势严峻

随着生活水平质量的提高，越来越多的学生家庭条件相对优越，也因此不太重视安全意识。学生宿舍中存在许多安全隐患，越来越多的学生使用违规电器，诸如热得快、电饭煲、电磁炉、电热毯等电器进入学生宿舍，电脑和音响更加普遍。很多学生离开宿舍时，插线板不断电，安全隐患比较明显。

（三）网络安全问题突出

随着互联网时代的深入发展，网络已经成为当前大学生获取信息、沟通交流和休闲娱乐的重要平台。然而，伴随着这些便利而来的是以网络诈骗为主要形式的网络安全问题。网络诈骗是指犯罪分子以非法占有为目的，通过电话、网络和短信等途径并采用虚构事实或隐瞒真相的手段，对受害人实施远程、非接触式诈骗，从而给受害人造成财产甚至人身安全损失的行为。当前，大学生成为很多网络诈骗的主要对象，导致大学生尤其是大学新生屡遭不法分子侵害，这一现象引来了全国人民的关注和谴责。习近平主席也曾强调，要坚决管控利用网络进行欺诈活动的言行。

（四）心理问题导致的安全事件频发

当代大学生普遍属于“90后”和“00后”，他们从小就在新时代的环境下长大，受到新时代大环境的熏染，价值观念明显向多元化的趋势发展。由于学习和就业压力、情感挫折、人际关系困惑以及不适应周边生活环境等因素，一些大学生产生一系列心理问题，甚至患上焦虑症、强迫症、抑郁症等心理疾病。

（五）其他安全问题

大学生有丰富的课外活动，如学校的组织及社团活动、实验及实习等教学活动、以及志愿服务等实践活动，涉及交通、恶劣天气等方面的安全问题。

此外，大学生酗酒滋事也时常发生。大学校园中还不时出现侵害女大学生的案件，作案人员多为校外人员，其中无业人员、外地务工人员比较多。同时，许多传销诈骗活动给学生和其家庭造成极大的痛苦和精神压力。

三、加强安全管理的意义

在马斯洛人的需求层次理论中，安全是人的第二层次需求，这也表明安全对大学生的生存和发展具有很重要的意义。安全和谐的校园环境，是高校顺畅运行、培养合格人才的重要保障。大学生是高校安全管理的最主要的对象，因此，搞好学生群体的安全管理是校园工作的重中之重。

（一）加强大学生安全管理是风险社会的必然要求

当前国内、国际安全状况都不容乐观。随着现代社会的发展和全球化的进程，高风险的时代已经来临。正如贝克和吉登斯所言，人类社会正“坐在现代文明的火山口上”，人类正把自己抛入“一个失控的世界”。当前社会正处于由传统向现代的转型期，社会利益关系、阶层结构、生计模式等正发生着深刻的变化，社会生活错综复杂，一个自由多元的现代社会逐步形成。由于新的社会结构还未发展完善，各种利益群体之间常常存在对立或冲突，社会矛盾尖锐。且各种社会矛盾之间往往相互交织、强化，易产生连锁反应。表现形式也日趋显性化、激烈化，甚至一些极端方式也被用于解决问题。这样的时代背景使得高校对学生进行安全管理和校园安全建设迫在眉睫。广大领导干部和一线教育工作者必须对目前的紧迫形势有深刻清晰的认识，重视并加强安全教育。同时，加强大学生安全管理也是建设法制社会的需要，符合依法治国的要求。在这个大变革大转型时期，各种利益矛盾凸显，法制社会的建设显得更加急迫，根据教育部 2017 年 7 月 10 日发布的《2016 年全国教育事业发展统计公报》显示，2016 年全国各类高等教育在学总规模已达到 3699 万人，大学生作为即将进入社会的群体，接受相应的安全教育，了解更多的安全知识，树立良好的安全意识，有助于他们更好地走向社会。

（二）高校校园特点决定需要加强大学生安全管理

现在大部分大学校园都是一个相对自由的环境，很多校外人员及各种车辆都可随意进出校园，这就导致大学存在很多安全隐患。再加上近年来很多高校的扩建行为，很多新建的校区大多都处于偏远郊区，周边人员鱼龙混杂，治安形势严峻，这些都使大学生处于一个极其危险的境况。郊区的公共交通系统不够完善，大学生出行可能不得不选择“野猪儿”或网上叫车等，但这一类出行方式又经常存在极大的危险。还有许多大学生会寻求校外兼职，参与社会事件等，但由于社会经验不足，很容易相信陌生人，从而受到财产甚至人身安全损害。寒暑假期间，一部分学生选择留校参加实习或复习考研等，但这一时期学校的安全管理工作可能没有平时仔细，也很易导致安全问题。大学生虽然基本上都已步入成年，生理上已经成熟，但心理方面却可能还存在冲动、盲目自信等问题，这使得他们在生活中遇到问题时无法保持清醒和理智，从而受到伤害。大学生有着很强的政治热情和社会参与热情，但因为思想单纯，很容易因为冲动而受到不法分子的蛊惑，从而影响价值观的培养，产生危害社会安定的行为，特别是在互联网时代下，一些不法分子通过网络宣传他们的理念和价值观，这极有可能在无形之中影响大学生的身心健康。

（三）重视安全管理是大学生安全和高校稳定的重要保障

马斯洛需求层次理论指出安全是人类除生理需求以外的最基本需要，是实现其他需求的基础和保证。安全教育强调的是对人的关怀，是从生理和心理两方面保证大学生健康成长。大学的使命是培养综合素质优秀的人才，这不仅仅是要求学生有良好的成绩、端正的思想态度，还要求他们能够有较强的安全意识和自我保护的技能，这是大学生服务和回报社会的前提，也是能让大学生受益终身的素质。《普通高等学校学生安全教育及管理暂行规定》明确指出高校要定期对学生进行安全教育，这是高校的重要工作任务之一。学生安全问题不仅对学生本身，更对学校、家庭、社会造成巨大危害。中央以及各级地方政府针对频繁发生的校园安全事故也多次指出，要给予高度重视，防止类似事件再次发生。大学生安全管理是营造稳定育人环境的需要。各高校肩负着科教兴国、为社会培养优秀人才的伟大使命，而这一使命实现的前提是要有一个平安、和谐的校园环境。为创造一个这样的环境，需要学生和教职工以及学校管理人员的共同努力。一方面，学校应当积极开办安全教育活动，如安全讲座、校园互联网环境维护等加强校园环境综合治理，切实保证校园环境稳定和谐。另一方面，加大安全教育宣传力度，有利于充分鼓励学生主动投身平安校园建设，发挥学生自我安全管理的潜力。

大学生安全管理也是进一步实现安全保卫部门管理育人职能的需要。大学生思想政治教育全方位、立体化的时代已经到来，与此同时当前高校面临思想政治专职教育人员严重不足的问题，2017 年教育部修订出台了《普通高等学校辅导员队伍建设规定》，该指出，高等学校应当按总体上师生比不低于 1：200 的比例设置专职辅导员岗位，按照专兼结合、以专为主的原则，足额配备到位。即便如此，不少高校的专职人员配备仍不达标。为了更好地解决这一矛盾，可以进一步发挥安全保卫部门人员的作用，学校安全保卫、后勤保障等管理部门除了做好日常管理工作以外，也要注重发挥管理育人的职能。对于安全保卫部门来说，不仅要做好事后的监控和处置，更应当充分意识到事前预防的重要性，积极从源头上教育引导学生，做好安全教育和宣传，以此更好地创造安全稳定和谐的校园环境。

第二节　大学生安全管理的原则和内容

一、大学生安全管理的原则

（一）教育性和管理性原则

大学生安全管理规定着人的发展方向，是一种有目的的活动。因此，大学生安全管理必须体现教育性，以教育为主。然而，教育和管理是相辅相成的。教育只有通过管理才能落到实处；而管理只有通过教育才能深入持久。对大学生开展安全管理活动，首先要做的是讲道理，传授学生安全知识，让学生形成一种安全意识和知识系统。但如何把这些知识和道理真正内化为学生的自觉意识和自觉行为，还必须创造良好的环境和氛围以及必要的制度保障，这就需要严格的管理。只有教育与管理相结合，才能收到实效。

（二）全程性和全员性原则

一方面，大学生安全管理是一个长期的活动，它贯穿于人才培养的全过程，不是一蹴而就的，因此，对于大学生的安全管理教育要分层次、分阶段进行。从新生入校开始，就要对学生进行自我安全管理的测评和区分，根据不同年级、不同时期学生的特点，既要开展普适性教育，同时也要抓住重点，有区别地开展倾向性教育，保证安全教育管理活动有计划、有组织地进行。另一方面，教书育人、管理育人、服务育人需要学校各部门的通力合作，学校安全管理部门要做好宣传工作，开办安全教育活动，让学生们在实践中树立安全意识，增强自保能力；授课老师们在关注学生学业的同时，也要时刻提醒学生们注意自我安全；学生也要积极主动地参与学校提供的安全教育和管理活动。多管齐下，全员参与，把维护校园安全稳定渗入学习生活的方方面面。

（三）预防性和经常性原则

安全管理要从源头抓起，才能更加有效地避免和减少安全事故的发生。这也就体现出安全管理的预防性原则的重要性。安全管理要从事故发生的原因着手，通过信息搜集和校园调查，提前了解和分析校园内部的不安全因素，从而更好地预防安全事故的发生。

所有关乎安全的事情都要尽可能做到未雨绸缪，而不是在事情发生后再去解决。除此之外，大学生安全管理工作还是一个长期性的活动，不可能一劳永逸。而且管理需有一个不断反复的过程。“生于忧患，死于安乐”这句话用在这里虽有些夸张，但也绝对不是没有道理，安全问题不会每天发生，这可能会使学生们在安全的环境下产生麻痹思想，渐渐忽略安全问题。这也正是发生安全事故的一个原因。因此，安全教育和管理，要时时刻刻牢记于心，这就需要把安全教育事业天天抓，周周抓，持之以恒，“永葆戒心”。这样学校安全管理才可以顺利进行，不会处于被动状态。

（四）系统性和规范性原则

大学生安全管理是一个系统化、规范化的过程。首先，要制订安全管理计划。普适性的安全管理无法真正有效地减少安全事故的发生。在开展校园安全管理活动时既要考虑大学生需要接受安全教育，掌握相应的知识，同时也要考虑在不同时期、不同年级开展针对性的安全管理内容。安全管理的教育内容也要从不同角度、不同方面着手，制订教学大纲。除了安排正常时段的课堂安全教育，还应当开展一些课后实践活动使学生们能够把课堂上学到的安全知识运用于实践，切实增强大学生自我安全管理的能力。从而使安全教育管理活动系统地、有序地进行。学校还要根据国家相关法律规定，结合学校实际情况，制订各项安全管理工作制度，完善安全管理工作机构。通过强化安全管理理念，加强专业化安全管理队伍建设，减少安全管理活动的随意性，使校园安全管理逐步走向规范化、系统化。

（五）多样性和现代性原则

大学生安全管理要建立“以课堂教育为主渠道，以各种宣传阵地为载体，以丰富的活动为重要支撑”的现代化管理方法体系。课堂教育注重系统讲授，具有科学性、思想性和系统性等特点，这可以帮助学生建立完整的安全知识系统；宣传活动有助于在全校范围内形成注重安全管理的氛围，可以使全校师生都参与安全校园的建设中来；开展各种各样的安全实践活动，可以使学生们在实践中提升安全管理能力。除此之外，在这个互联网发达的时代，利用网络媒体技术，开辟大学生安全管理网页，以更先进的方式深化安全管理的效果。

二、大学生安全管理的内容

（一）政治安全管理

政治安全关系国家存亡，没有政治安全，就没有和平稳定的社会发展环境。大学生即将正式踏入社会成为社会的一分子，法律安全意识和社会主义核心价值观的建立对大学生来说都显得尤为重要。一是要注重《国家安全法》等法律法规的宣传教育，在校园内形成遵纪守法、懂法用法的良好氛围。二是要抓好爱国主义教育和社会主义荣辱观的教育，强化大学生的社会责任感和安全责任意识，增强其对党和国家的向心力和凝聚力。社会主义核心价值观是社会主义核心价值体系的核心和关键，集中体现了社会主义核心价值体系的丰富内涵和实践要求，是社会主义核心价值体系的高度凝练和集中表达。自党的十八大以来，中共中央高度重视培育和践行社会主义核心价值观。习近平总书记也多次作出重要论述、提出明确要求。中央政治局围绕培育和弘扬社会主义核心价值观、弘扬中华传统美德进行集体学习。2017 年 10 月 18 日，习近平总书记在十九大报告中指出，要培育和践行社会主义核心价值观。党中央的高度重视和有力部署，为加强社会主义核心价值观教育实践指明了努力方向，提供了重要遵循。大学校园也要严格遵循党的指导，加强对大学生社会主义核心价值体系的教育，按照中办下发《关于培育和践行社会主义核心价值观的意见》，以培养担当民族复兴大任的时代新人为着眼点，强化教育引导、实践养成、制度保障，发挥社会主义核心价值观对大学生教育、精神文明创建、精神文化产品创作生产传播的引领作用，把社会主义核心价值观融入大学生学习生活的方方面面，并逐渐内化为大学生的情感认同和行为习惯。让大学生深刻了解到应该坚持什么、反对什么、发扬什么、摒弃什么，进而使大学生树立正确的世界观、人生观、价值观，强化大学生人身安全责任意识。三是要做好保密安全教育，强化防范意识。通过开展保密教育活动，增强大学生敌情观念和保密意识，使大学生在对外交往中能自觉遵守各项保密制度和规定，自觉保守党和国家的秘密。

（二）人身财产安全管理

大学生学习生活的首要资本是身体健康、人身自由。广大学生、学校、家长、社会都应高度重视学生的人身安全，无论是外力还是自己都无权在任何情况下侵害生命。学校要在新生入学时就对学生进行一次较为全面的安全教育，将学生可能遇到的安全问题及预防措施全面细致地告诉学生。提醒学生在日常生活、与人交往、处理情绪的过程中严守保护人身安全的底线。饮食、运动还有自然灾害等可能直接威胁学生人身安全的防护也属于人身安全管理的范围。

财产安全是指财物所有者的钱财、物资不被他人非法取得、占有、使用等。随着人民生活水平的提高，时尚化、高档化甚至奢侈化的物品越来越成为大学生财物的主体，这也使得大学生越来越成为盗窃分子的对象。近年来校园盗窃案件无论是宿舍室内盗窃还是大学生外出被盗都屡见不鲜，财物安全也已成为各方关注的焦点，财物安全教育也是高校日常安全管理的重要内容。

（三）心理健康安全管理

心理安全主要是指大学生要拥有健康积极的心理状态，保持内心的平稳、踏实、舒畅，避免焦虑、纠结、恐惧等不良情绪。大学生处于从高中的全日制学习到大学自由支配时间的过渡时期，还有很多大学生远离家乡，种种原因导致大学生内心茫然、复杂、善变，心理问题很容易成为大学生面临的主要问题，从而影响大学生的生活和学习，给学生、家庭造成极大的压力，也给学校和社会造成困扰。因此遵循心理发展规律，开展心理安全管理需要着重关注且常抓不懈。

近几年来发生在大学生中的自杀、打架斗殴、偷盗等行为，大多是由心理问题引起的。因此，学校要特别重视大学生的心理安全管理，培养大学生健康的心态。一方面要将心理健康教育引入正常教学活动当中，结合普遍教育和个别疏导的方法，有针对性地对学生进行人际关系和谐教育、健全人格教育和环境适应教育等，让学生了解基础的调节心理情绪的方法，更好地处理学习生活中的困难。另一方面要把安全管理和心理咨询紧密结合起来，有些安全问题与心理状况有很大关联，开设心理咨询热线、心理咨询门诊、信箱等对于校园安全管理有极大的帮助，可以在很大程度上减少因心理状况而造成的安全问题。对心理健康的管理不仅可以在安全事故发生后对学生进行心理疏导，更有利于在事情发生前进行有效管理和控制。

（四）网络安全管理

网络安全包括学生利用网络索取信息和使用信息的安全，是互联网时代下新出现的一种安全隐患。大学生的学习生活越来越离不开网络，但网络在带给大学生便利的同时也带来了很多安全隐患，并且已经发展成为一个不得不引起重视的社会问题。网络信息具有极高的隐蔽性、虚拟性和易变性，有时对思想开放的大学生极具诱惑性，使得大学生在运用网络的过程中很容易受到不良信息的诱惑与毒害；在这种虚拟的环境里，很容易让学生们忽略现实生活中的法律法规，很多学生在网络上有意无意地做出伤害他人的言行。当前的学校信息安全管理应抓好以下几方面的工作：一是要净化网络环境，引导大学生树立良好风气，远离网络暴力等不文明、不道德行为，进行健康的网络生活。二是要加强网络宣传活动，学校可以利用网络这一便利快捷的工具，提升大学生信息安全意识。三是积极开展网络思想政治教育活动，用科学的理论占领网络阵地，从而进行大学生网络安全管理。

（五）社交安全管理

人是群居性动物，这也就构成了我们生活的社会。人的生活离不开社会，社会也因为人的互动变得更加丰富。在生活中，人们往往会与他人互动交友，交友是人在社会中生活最基本的技能，也是最常见的行为。交友满足了人的最基本需求。当我们离开熟悉的土地、离开父母、离开朋友，跨入大学校园的那一刻起，孤身一人的我们首先面对的就是交友、适应新的环境。还有一些同学在步入大学校园之后，开始关注交友恋爱的问题。俗话说“在家靠父母，出门靠朋友”，多交朋友很大程度上有利于我们在社会中生存。交友也是一门学问，有的大学生在交友过程中没有足够的警惕心，很容易轻信他人，失去原则，滥交朋友，结果事与愿违，自酿苦果，因交友不慎，被“朋友”骗吃骗喝骗财骗物；在帮一些所谓的“朋友”的过程中失去底线，为“友情”不惜一切，触犯法律。可见并非喜好交际就代表人际交往能力强，相反，某种程度上来说，这恰恰暴露了某些大学生在交友这件事上的不足。进入大学，恋爱现象已随处可见，大学生的心理生理都已经渐趋成熟，他们渴望寻找爱情，而且他们也有权利谈恋爱甚至结婚。但在恋爱过程中，很多学生很容易走向极端，为情所困，荒废学业，甚至因失恋自杀或他杀的事件也时常出现，令人痛心。

随着社会的发展，大学校园也由原来的封闭式走向开放，俨然成为一个“小社会”，复杂的人员构成和周边环境，都使大学生受侵害事件时有发生。校内人员结构的变化，校外人员的进入，周边各种公司、宾馆、浴室、影剧院等生活服务设施带来了更多的校园安全隐患，给校园社交环境带来严重影响，除了要加强校园综合治理和安全管理外，更重要的是要切实开展治安安全形势教育，让学生们对于校内外可能发生的安全问题保持足够的警惕心。大学生会接触到很多社会活动，尤其是社会交往、勤工助学、求职择业等，这使得学校的安全管理工作更加重要，大学生社交安全管理是大学生安全管理的重要内容。

（六）大学生日常安全管理

大学生在校期间的日常安全管理包括：安全用水用电知识及危害应对、校园集体活动安全意识教育、流行疾病预防与处置措施、校外实践安全应对策略、运动损伤的预防与处理等。大学生大多居住在学生宿舍，他们安全用电用水的意识不强、常识不足。对水电的使用不合理，所使用的电器质量不高、安装不当和维修不及时以及违反电器操作规程等导致用电安全问题和事故常发；大学生集体活动丰富，包括社团组织活动、实习及社会实践活动等，在这些活动开展过程中，由于人数众多，大学生缺乏警惕心，经常出现安全事故；由于大学生过着密集的集体生活，社会活动又比较活跃，学校人员流动性较大，一些流行性疾病还是会在大学生中发生。所以正确认识并有效预防流行性疾病是现代大学生文明、进步的体现，既有益于个人又有益于社会；体育运动是大学教育的一项重要内容，在各大高校得到了有力推崇，它不仅可以锻炼强健的体魄，还能够磨练学生的意志，使学生在忙碌的学习和生活中得到放松和调节，很大程度上丰富活跃了同学们的大学生活。但是体育运动也是最容易对大学生的身体造成伤害的活动，因此，参加体育活动应当具有一定的技巧和体能，来应对体育运动中可能出现的伤害。不少体育项目还具有较强的竞争性和对抗性，这使得体育运动很容易出现扭伤、砸伤、摔伤、溺水等安全事故，轻则伤及皮肤，重则伤及骨骼、内脏，甚至造成残废或死亡，这会给大学生及家人带来极大痛苦，所以进行运动损伤安全管理是大学生安全管理的重要内容。

第三节　大学生安全管理的目标

一、大学生安全管理与学生成才

高校大学生的安全管理，直接关系着学生是否成为栋梁之材。其中，校园安全管理为大学生的健康成长提供有利环境保障，政治安全管理为大学生的成长成才奠定坚实的政治基础，大学生自身安全管理为大学生健康成长铸就牢固的思想支柱。

（一）校园安全管理为大学生的健康成长提供有利环境保障

唯物主义者认为，社会存在决定着人们的意识，而环境是社会存在的重要因素，也是学生成长成才重要的外在条件。常言道："近朱者赤，近墨者黑。"学校的根本任务是培育综合素质优秀的社会主义建设者和接班人，良好的教育环境对学生的成长起积极的促进作用，因此学校要关注校园环境的建设。在社会主义精神文明建设过程中，学生是极为关键的一环，如果学校成为最好的小环境之一，那么，它将对社会大环境的优化做出积极贡献。作为为社会主义事业培养人才的基地，为更好地完成这一艰巨的任务，就需要高校做好安全管理工作，创造良好的校园环境，因为校园安全管理关系学校的发展与稳定，是校园环境建设的重要组成部分，同时校园安全管理包括大学生人身财产安全管理、大学生心理健康安全管理、大学生网络安全管理、大学生社交安全管理及大学生日常安全管理，这些都是与大学生的成长成才具有密不可分的联系。对大学生进行安全教育，分析校园安全事故的类型及原因以及教授学生自我保护的手段和能力，都有利于增强大学生的自我保护意识，从而有效减少校园安全事故的发生。面对近年来高校越来越多的学生或多或少出现的心理问题，在现实生活中给予医学治疗和人文关怀，也有助于他们健康成长。进行校园安全管理，可以净化校园风气，营造文明校园，为大学生健康成长提供有利的环境保障。

（二）大学生的政治安全管理为其自身成才奠定坚实的政治基础

高校是为国家培养人才的地方，也是国家知识分子和人才最为聚集的地方，从某种角度来说，高校的稳定与国家政权的稳定息息相关，与国家工作的正常开展息息相关，与社会人心的稳定和经济的发展息息相关，这也使得西方敌对势力把大学生作为"渗透"的主要对象。他们一方面宣传"人权""民主""自由"等西方观念对大学生进行思想诱导；另一方面又开展一些别有用心的宣传和收买活动。习近平总书记在十九大会上强调"青年兴则国家兴，青年强则国家强"，青年一代有理想、有本领、有担当，国家就有前途，民族就有希望。这足以看出大学生对于社会和国家的重要性。在任何时候，高校都不能忘记培养社会主义事业建设者和接班人这一根本的历史使命，更不能忽视对大学生的政治安全管理。因为大学生即将踏入社会，树立什么样的人生观、世界观和价值观，确立什么样的信仰都对社会有着极其重要的影响。如果没有及时用正确手段和措施对大学生加以引导，这些青年学生很容易在敌对势力强大攻势面前犯下政治错误。因此，在大学生的成长过程中，政治安全管理直接关系学生成才的大事。

（三）大学生自身安全管理为其健康成长铸就牢固的思想支柱

大学生健康成长离不开自身安全管理意识的树立，这也是大学生安全管理的目的之一。孩子从呱呱坠地到长大成人，从小毛孩到成为建设祖国的栋梁之材，无时不牵动着父母的爱心和社会与国家的关注。毛泽东同志曾说过："你们青年人朝气蓬勃，正在兴旺时期，好像早晨八九点钟的太阳，希望寄托在你们身上。"江泽民同志指出："青年是社会中最富有活力的部分，是我们事业的希望。"习近平总书记在十九大会上也强调："青年兴则国家兴，青年强则国家强。"作为大学生不仅要明确自身的学习任务，更要意识到自身所担负的历史使命。如此，大学生在成长过程中不仅要接受专业知识的教育，更要关注自身的安全管理，因为它才是大学生成为国之栋梁的基础所在。

二、大学生安全管理与素质教育

从现代教育理论来说，教育分为应试教育和素质教育。大学生安全管理，可以提高学校素质教育水平。因此安全管理在高校的学习生活中被作为素质教育重要的组成部分，也可以说，高校大学生的素质提升有赖于学校的安全管理，从高校治安综合治理的角度提高学生的素质，增强学生的"遵纪守法观念"。同时，为学生的健康成长和全面成才创造良好的外部环境和文化氛围。

学生、教师和职工是高校的三大主体，如果缺少了学生，教师和职工的存在将不再具有任何意义。要提高高校大学生的素质，必须从如下两个方面加强对大学生的安全教育和管理。

（1）在文化知识方面，必要的文化知识决定了大学生安全管理推进工作的进展，然而安全知识可以被确定为文化知识的重要构成部分；同时，安全管理又与法律不可分割。有关规定表明，法律基础理论课程作为普通高等学校学生的必修课，作为其基础教育中的"必考科目"，这就为推进依法治校和提高大学生安全管理工作提供了良好的条件和厚实的基础。

（2）在思想政治方面，在高校党委统一领导下，结合思想、法律、行政等因素的办法，保持校园治安的稳定，杜绝学生违法犯罪行为，可以被归纳为大学生安全管理。因此，将人生观（世界观）教育、道德品质教育、理想教育、社会公德教育、社会主义教育、爱国主义教育、集体主义教育汇入大学生的思想政治教育中和提高其思想政治素质是大学生政治安全教育的重要方面。

三、大学生安全管理与国家相关规定

20 世纪 80 年代以来，大学校园里安全事件屡有发生，呈现快速增长趋势，社会广泛关注大学生安全问题及校园治安秩序，与此同时，大学生安全教育与管理工作也受到了党和国家高度关注，并出台了一系列的法律法规和措施保障大学生的权益。《教育部、公安部关于加强高校安全保卫工作的通知》中，明确指出高校要切实加强"四防"；教育部在《普通高等学校学生安全教育及管理暂行规定》中要求，"高等学校学生安全教育及管理，要以预防为主，本着保护学生、教育先行、明确责任、教管结合、实事求是、妥善处理的原则，做好教育、管理和处理工作"；在《中华人民共和国高等教育法》《高等学校校园秩序管理若干规定》《高等学校学生行为准则（试行）》《普通高等学校学生安全教育及管理暂行规定》《高等学校内部保卫工作规定（试行）》等法律法规中，既明确了高校在安全教育与管理中的职责，也规范了大学生在安全教育与管理中的权利及义务。党和政府把维护大学生的安全及其合法权益、对大学生进行安全教育与管理、实行依法治校确定为高校各级领导的责任和法定义务。因此，推进大学生安全教育与管理，可以进一步落实国家相关的法律、法规及规定。

四、大学生安全管理与“三育人”

高等学校以培育高层次、高素质人才为重任，以服务育人、管理育人和教育育人为宗旨，以培养能担当起建设有中国特色的社会主义历史目标的人才为使命，这是高校的一项艰巨而繁重的任务。我国社会主义现代化建设战略目标的实现、党和国家的命运和前途离不开大学生的思想品德状况、科学文化素质和安全管理的工作建设。

（一）大学生安全管理与教书育人

教书育人，可定义为教师在教学过程中有目的、有计划地使学生获得知识能力，树立人生理想和形成道德观念的活动。“教书”和“育人”是相互依存的关系，也就是“教书”不仅传授学生知识体系与思维能力，也同时让学生逐渐形成人生观与世界观。“育人”融入“教书”之中。

高校的根本任务是育人。高校帮助大学生在学习文化知识的同时增强法制观念和思想道德品质的培养，不仅对预防和减少违法犯罪、维护校园稳定有着非常重要的作用与意义，还对加强社会主义民主法治建设有着非常重要的作用和意义，是培育社会主义建设者和接班人的需要。因此，加强青年大学生的法制教育是党和政府工作的重中之重。在新形势下，通过知识的传授，广大青年学生在学法、懂法、守法，提高公民意识、法制观念的基础之上，增强了社会责任感，养成依法办事的好习惯，特别是增强了对国家和社会做贡献的使命感。促进校园文明建设和共同创造良好的大学校园环境是高校“教书育人”的重要步骤。

（二）大学生安全管理与管理育人

大学生安全管理工作的推进，不仅可以帮助我们提高大学校园安全管理水平，还可以更好地解决校园安全问题和减少安全事故的发生以及由此带来的人身、财产损失，保护广大师生的人身安全和财产安全。大学生的安全管理教育是高校管理的重要方面，安全第一是高校管理过程中的准则。目前，在校大学生大多数的年龄都在 18 ~ 22 岁，处于一个最活跃的特殊时期，是在生理、心理和对待社会的态度上逐渐走向成熟的过渡期，是传授大学生正确的人生观、世界观的最佳时期。因此，除了知识的传授和正确思想的灌输，高等学校的任务还必须辅助正确的管理教育和引导，即“管理育人”。做好“管理育人"的意义就在于，不仅有利于大学生的身心健康成长，还有利于形成良好的学风和校风，有利于学校和社会的安定。

青年大学生自高考之后离开父母来到大学生活，往往缺少生活的基本技能和自我管理，以至于学生的安全事故频发。例如，常常出门不关门、抽屉不锁、现金及贵重物品随便乱放、宿舍内失窃现象等，这些情况均说明，搞好宿舍治安管理的前提，必须提高学生自我管理能力和防范意识。大学生安全管理，在法律的大前提下，以实现学生成才、维护校园治安秩序为宗旨，以组织型的、严密的、科学的、文明的方法去管理。

（三）大学生安全管理与服务育人

学校的任务是育人，学校的一切工作都应该围绕育人来进行，大学生的安全管理教育自然也不例外。学校的各个职能部门一方面要为大学生的学习、生活、锻炼、娱乐提供细致的服务，保证他们有一个良好的成长环境；另一方面还要在为他们服务的过程中，贯穿安全管理这一内容。他们在来到大学前，大多是在父母无微不至的关照下学习和生活，因而缺乏社会经验和生活自理能力。要切身体会生活的方方面面，不再由他人包办，对他们来说，这是人生旅途的一个重大变化。高校不是世外桃源，在整个社会治安形势严峻的大背景下，扰乱学生正常学习秩序的治安事件和刑事案件时有发生。为了能确保自身的学习正常进行和平安度过大学生活，大学生必须掌握必要的安全知识。

安全管理要贯穿大学生校园生活的始终。从入学教育开始，开学第一课的内容应当加入安全教育，保卫组织首先要抓住这个机会进行安全知识的传授和演练。将安全教育常态化、多样化，一年四季中，结合季节的特点进行有针对性的安全教育，例如，春天时进行外出旅游安全教育；寒暑假前进行假期安全教育；去工作单位实习或外出参加社会实践前进行实习、实践安全教育。

我国教育的目标是培养德智体全面发展和有理想、有道德、有文化、有纪律的社会主义建设者和接班人。为了实现这一目标，而提出"教书育人、服务育人、管理育人"的要求。大学生安全管理作为高等学校的重要组成部分，与"三育人"的宗旨不但是统一的，而且是密不可分的。

第四节　大学生安全管理的方法

一、健全规章制度

（一）完善校园安全规章制度

社会控制理论指出，如果没有控制，人们都会犯罪。因此，需要有控制因素来遏止个人的犯罪倾向。因此，校园安全管理需要建立健全校园安全规章制度和实施规范化的管理。规章制度的重要性主要体现在当前我国有关法律法规尚不够完善，以此来弥补其不足。

因此，营造稳定和谐的校园前提是要有一套完备可行的校园安全管理制度。

第一，实验室、行政楼、教学楼、宿舍楼、校门口等重点部位的管理制度。要完善人员进出、日常巡查、治安管理、管理责任落实等相关内容，让重点部位有人管、按要求管、有能力管。

第二，消防管理制度。明确保卫处、各二级学院、后勤等各部门的消防工作内容和要求要在制度中落实，明确相关单位的责任；要定期检查安全隐患、维修消防设施；把开展消防安全演练常态化在制度中落实。

第三，安全教育制度。针对防盗、防抢、防骗、防邪教、防溺水、防交通事故等情况要对在校学生分层、分段、分类别地开展安全教育，提前在节前假后、新生入校时、实习就业前等几个关键时间节点上，针对可能出现的问题对学生进行不同教育。在教育的主体上，形成校、院、班三级结构展开。此外，校领导、各部门负责人、基层教职员工也都要开展相关安全教育。

第四，建立三级心理安全制度。第一步，为了防止发生学生异常表现而辅导员不了解的情况，所有辅导员都要集体地进行学习和掌握一些基本心理知识，能够做初步判断。第二步，二级学院设立专门负责此项工作或者兼任的心理老师，二级学院的心理老师作为第二级进行干预、诊断；如果一二步处理不了或者发现心理问题较严重，由学校的健康心理中心的专业老师进行第三级干预，并判断是否要到专门的医院进行相应治疗。

第五，应急预案制度。依据公共安全理论，全面紧急的事态管理是安全管理的核心。准备、预防、应变和灾后重建为管理过程核心内容。因此建立各级、各类的应急预案就显得尤为重要，如财产安全、消防、心理危机、人身安全等应急预案。在各类预案中，要明确几个问题：① 设立“校园 110”制度，由安保部门牵头建立学校紧急联系电话，人员一旦发现问题，第一时间向“校园 110”报告。②“校园 110”的职责划分，具体包括：主管部门上通下达，向分管校领导汇报，向问题的具体管理部门通报，指导有关部门按照应急预案的规定开展工作，有权协调校内各种资源，第一时间进行现场处置。

（二）明确部门职责权限范围

校园安全管理依靠保卫处等个别部门的力量是无法完成的，它是需要全校各部门和各方面协调配合的系统工作。完成这项工作的两个前提：一是明确二级学院和每个部门的安全管理职责和划分。一般来说，二级学院涉及的人多、物多、财产多，因此在安全管理上，二级学院有主体责任，尤其是归属于二级学院的教学楼、实验楼，安保部门可以对其进行安全管理的指导并提供帮助。但是，也有一些共用的设施，是由多个学院共用，如共用的实验楼、行政楼、学生宿舍等，这就要由负责管理设施的部门负主要安全管理职责，各个使用单位在设施管理部门的安排下开展安全管理活动。二是明确安保部门在全校安全管理中的责任。一方面，安全管理的职责要划分到各个部门；另一方面，保卫处作为全校安全的主管部门，这就意味着要赋予保卫处一定的权利和职责：① 保卫处虽然是与其他各职能处室平等的部门，但是在安全管理中却有权管理、协调各个部门参与安全保卫；② 保卫处有权制定全校性的安全制度，并且在制度中可以分配、安排各个部门相应的安全工作和职责；③ 对各个部门的安全管理责任，保卫处可以落实情况进行检查、监督和指导。

二、加强安全管理队伍建设

（一）提高安保人员素质

完善的制度、明确的职责，只是校园安全管理的一部分，再完善的制度、再精良的设备，也都离不开安全人员。因此，校园安全管理起着决定性作用的是安保人员的素质。建立严格的选拔制度和优胜劣汰的竞争机制，在职期间不断地学习、训练，培养出一支思想过硬、业务扎实、纪律严明，能在维护校园安全秩序中发挥出巨大作用的安保队伍。时代在进步，危害到校园安全的因素越来越多，不断更新的犯罪手段，校园安全防卫工作设备也要不断更新换代，因此要求安保人员的自身素质就越来越高，而要提高素质，建立和完善队伍培训制度是最有效的途径，应从以下几个方面努力：

（1）政治素质过硬、理论知识水平高、沟通协调能力强应当为聘用工作人员的基本条件，同时一定要积极引进法律、公安、消防系统方面的专业优秀人才。

（2）到专门指定机构进行脱产学习，既学习理论知识，也注重实战锻炼，多参加业务技能竞赛。

（3）制定严格的考核制度，让工作人员有压力感和紧迫感。

（4）加强安保人员的基本素质训练，如体能、体型。擒拿格斗、巡逻、反击，以及消防器材使用等方面的训练。

（5）对安保人员的电脑、网络等方面知识和技能进行培训和授课，以适应校园安全技术防护电子化、网络化的形势。

（二）加强安保队伍稳定性建设

具有一定特殊性、危险性和艰巨性的安保工作，高强度高压力的工作付出应当有合理的薪资待遇。可是安保人员的薪资待遇水平与其工作不匹配，普遍偏低，导致了安保人员的人事变动频繁，这种局面不利于队伍稳定性建设，只有制定完善的保障制度和提高安保人员的薪资待遇，才有可能从根本上解决这个问题。

第一，提高薪资福利待遇。安保人员的付出与回报相匹配，解决并妥善处理安保人员的专业技术职务评审和职称晋升等实际问题。为了吸引高素质、高水平、年富力强、能吃苦耐劳的同志加入安保队伍中，适度提高工资待遇水平。

第二，社会保险制度要认真贯彻落实。安保人员由于岗位的特殊性，其工作具有很强的危险性，要先解决他们的后顾之忧和贯彻落实国家保险制度，同时通过购买商业保险来切实保障安保人员的合法权益，安保人员才能埋头苦干，对于表现突出的安保人员要给予一定的特殊待遇，留住骨干分子，提高整体队伍素质，稳定安保队伍人员人心，调动工作积极性。

第三，完善对员工的奖励考核制度，对于工作中表现积极，勇于奉献的员工，采取相应的奖励措施，增加其收入，提高其工作热情。

（三）建立高素质的校园安全文化队伍

校园安全还需要充分调动广大师生员工的积极性，树立“要我安全”变为“我要安全”的观念，建立高素质的校园安全文化队伍，营造良好的校园安全文化氛围。首先，学校安保部门是校园安全文化队伍的主力，除了完成本职工作，应多向师生宣传校园安全文化的具体内容以及重要性和必要性，不定期举办以教师和学生为对象的安全教育活动或课程，鼓励师生多了解校园安全隐患、预防措施以及发生安全问题时的应对方法等。由此，将校园安全文化辐射到全校范围。其次，学校领导和安保部门可有意识地培养一支宣传安全文化的教师队伍，鼓励教师了解学校安全问题，培养一些教师具有能够处理安全问题的能力，让教师定期对学生进行安全教育讲座，以便学生更好地了解校园安全文化，教授学生遇到安全问题时的应对措施，以此使学生能够自己处理部分的安全问题。再次，形成一支校园安全文化的学生队伍。挑选出有志于保障校园安全文化的学生，在学校安保部门的指导与帮助下，参与一线校园安全文化保障工作，成为校园安全文化的倡导者、践行者和宣传者。

三、推进校园安全文化建设

什么是安全文化？将关于安全的一切观念、思想、看法、情感、心理、行为等进行综合而内化于心并外化于客观世界的一种精神体系，即为所谓的安全文化。另外，集体部分和个人部分构成一个单位的安全文化。学校师生员工安全方面的价值观、行为方式、处事能力反映了校园安全文化，是大家对安全的精神状态反映和素质体现。近年来提出校园安全文化这个新理念，对全校教职工和学生进行全面的安全素质教育得以实现。良好的校园安全人文环境不仅能在学生的学习、生活、个性养成等方面发挥一定的作用，还能为教职工和学生提供一个稳定的工作、学习环境。

构建校园安全文化体系在学校教学和管理等方面均发挥着重要的作用。它有利于增强教职工和学生安全意识、有利于维护学校日常的教学秩序、有利于保障全校师生的人身和财产安全等。由此可见，构建校园安全文化体系的重要性和必要性，可从以下两方面落实。

（一）加强校园安全基础设施建设

校园安全基础设施是校园安全文化的物质载体。构建良好的校园基础设施，一方面能给教职工提供一个有安全保障的工作环境，增强教职工对学校的归属感；另一方面能给学生提供一个安心、静心的学习环境，增强学生对学校的信赖感。构建良好的校园安全基础设施建设，必须在保障安全的基础上，以改善教职工的工作环境，改善学生的学习、生活环境为出发点，在基础设施上多考虑为教职工和学生提供便利。这里分为两个部分，一是对现有的安全基础设施进行维护和改造，对安全隐患进行整改，比如，及时更换老旧的消防设施、更换老化线路等；二是要建设网络化、现代化的校园安防系统，同时，对新建设施及时完善。如学校新建的宿舍区，应该配套有监控系统、防盗报警系统、门禁系统等。

（二）多渠道宣传校园安全文化

宣传是武器，是阵地。为了切实增强师生的安全意识，落实安全举措，开展安全教育活动。每个学年，学校都要邀请专职人员面向全体师生进行法制教育讲座、交通安全教育讲座、预防流行疾病讲座；每个学期，学校会举办消防安全、防盗、防抢、防诈骗、防传销等图片展，强化师生自我防范能力的教育。对各类安全案例的定期通报，让大家通过案例吸收经验，避免再次出现类似事件，让安全责任意识深入人心。通过校园网、官方微信、微博、QQ 等新媒体，让学生能够及时了解校园安全文化，掌握校园安全文化并自觉地宣传安全文化，实现学生的自我教育和自我管理，在学生生活区开辟安全宣传栏，普及安全常识。也可以借鉴街道派出所的管理经验，建立校园内部 110 电话，便于师生联系，处理安全事件，将片区干警照片、联系电话张贴在醒目区域，让师生感受到安全和谐的校园氛围。

四、建立校园安全工作长效机制

要建设校园安全工作长效机制，首先必须建立相应的安全工作机构，明确其职责和权利。还要做好安全隐患的防治工作，落实相关责任，积极展开安全教育和宣传工作，确保学校安全管理不是短期的，头痛医头、脚痛医脚的，而是长期有效的开展。

（一）建立校园安全工作机构

学校建立以执行董事和校长为组长，保卫处为牵头单位，各部门、各二级学院院长组成的学校安全工作领导小组，统领全校安全管理工作。同时设立专门的安全综合协调办公室，负责协调保卫处和各部门、各二级学院，明确各单位的职责，协调各单位共同参与到安全工作中来，同时指导、检查、监督各单位的安全管理执行情况。这个办公室的规格高于作为牵头部门的保卫处，能够从校级的高度协调、整合各种资源和力量，以行政命令的形式要求各部门做好方方面面的安全工作。在出现安全事故时，可紧急调动全校力量，做好应急处理和善后工作。

（二）建设校园安全工作制度

学校安全工作制度是一个系统工程，涉及学校工作的方方面面。从安全管理工作制度来说，学校建立“三层多面”的安全管理制度，所谓“三层”就是以学校安全工作领导小组、安全综合协调办公室和各部门、各二级学院三个层面各司其职、各尽其责；“多面”则指管辖范围涉及消防、人身、财产、心理等多个方面。从安全教育制度来说，也是分校级层面、院级层面和班级层面三个层次开展安全教育，校级层面主要落实上级部门对学校安全教育的要求，院级层面在校级的指导下，结合各自学生特点开展辅导员和班级干部层面的教育，而班级层面则针对班级情况，结合学校要求，开展面向每一位学生的安全教育。此外，还有安全责任追究制度，安全管理考核制度等诸多安全工作制度。

（三）做好安全隐患排查工作

安全隐患的排查主要有财产安全、人身安全、食品卫生、灾害、疾病等方面，涉及面广，工作琐碎，需要动员的人数较多，给排查工作带来了相当的难度。因此动员一切可以动员的力量，提高广大教职工和学生的主动性，公布学校的安全报警热线，让安全隐患能够得以及时的发现和上报，是行之有效的方法。安全隐患排查工作需要必备的硬件设施，建设以电子监控为核心的全校安全防范体系。在一楼加驻防护栏，在校内道路上设置减速带，在校门口设置出入道间，建设校园报警系统等。教职工的车辆需要办理通行证，外来车辆进校园必须接受检查，并获取临时通行证。在教学楼、实验楼、图书馆、宿舍楼等重要位置配备灭火装置，安装烟感探头等，定期排查消防通道是否被占用或堵塞，应急照明设施和报警系统能否正常工作。安全隐患的排查是重要的防范环节，需要人力物力的支持，学校应重视安全隐患的排查工作，给予最大的支持。加强校园和教学楼的各通行出入口的监控设备的安装和维护，增加监控人员，定期排查现有的监控设备和消防设施等，及时改造达不到要求的设备。对存在安全隐患处进行及时的整改，为建设安全校园环境消除掉隐患。

（四）建立学生安全管理体系

首先，在学校保卫处的领导下，成立校园护校队，保护好校园安全，实现校园安保自治。其中校园护校队的成员应来自学生，主要的任务是协助并配合学院保卫处一起做好校园安全的巡查工作。校园护校队有一名队长，其余的工作人员五人一组，并在每组设一名副队长，每天安排五个组轮流在不同的时段进行巡逻，维护好校园治安。副队长需要把本队在巡逻时的校园治安状况以及发现的问题都记录整理，并上报队长，队长则汇总每天的巡逻信息，上交给保卫处。其次，在每个班级中选派安全员，为的是能让学生都参与校园的安保工作中。因为学生安全员就在广大学生之中活动，可以切身体会，能够及时观察校园里或者教学楼的安全情况，以及了解学生们的情绪波动和思想动态，做到有情况及时向上级反映，便于学校的安保部门采取一些应急措施，让风险把持在可控制范围之内。安全员处于校园安全工作体系的基层，地位非常重要，所以安全员必须具备高度责任感以及较强的工作能力。学校保卫处需要定期给安全员们开展培训，帮助其了解校园中存在的安全隐患，熟悉安全机构的工作，培养其观察力，让其掌握同上级组织联系的方式和途径。这样一来，校园安全员们才能够充分发挥其能力，切实且有效地参与校园安保工作中去。

第五节　实现校园安全网络立体化

校园安全关系全校师生的生命财产，事关学校、社会的稳定及发展，是学校教育教学活动得以正常展开的首要条件。立体化校园安全网络的构建，有利于打造一个和谐平安的校园，可分为三个部分：其一是安全教育网络化，主要是通过校园网、微博、官方微信、QQ 等媒介，利用其及时性、深受师生欢迎等特点，将有效信息及时发布出去，向广大师生通报安全情况，开展安全教育。其二是安全信息网络化，通过设置“校园110”等网上栏目，让广大师生认识并了解到校园安全动态，并向学校及时反映安全问题，以减少安全隐患。其三是安全防范网络化，现代的校园安保，已不再是只依靠巡逻等单一的方式，而是更多通过门禁系统、警报系统、监控系统等形成立体化的安全防范网络系统，确保及时掌控安全动态和隐患，预防潜在安全事故发生。

一、构建安全组织机构

组织是核心，是保障。安全管理工作乃是学校工作的重点，应成立安全工作领导小组，构建出层层负责的安全网络，明确好职责，责任到每个人。围绕学校展开的安全工作，学校应成立由保卫处和学生处带头的交通安全工作组，宿舍安全工作组、由教务处领导的教学安全工作组等。各工作组遵章行事，定期巡查，确保安全管理网络能够覆盖到校园的每个角落。

二、构建安全信息交流平台

信息是速度，是桥梁。当下是信息时代，学校可以在每个班级设置安全信息员，及时向辅导员、学生处、保卫处反映班级安全隐患。有助于将安全事故的发生扼杀在萌芽阶段，同时应利用网络优势，通过畅通的信息渠道，注重信息的收集及整理，关注校内外的安全动态，关注媒体最新报道的每件校园安全事故以及社会典型安全事故，给师生提供学习安全知识和交流看法的平台。总而言之，校园安全是社会化的系统工程，仅依靠学校单方面的工作是很难取得理想效果的，还需要社会（公安部门、教育主管部门、城市管理部门）、学生（自身和家长）多方面的参与、支持。只有制度健全，措施完善，教育强化，管理加强，构建出全方位的管理、教育网络系统，才能维持和谐、稳定、平安的校园安全格局。

第六节　提高学生安全防范意识

一、增强法律意识教育

部分大学生法律意识淡薄，出现安全事件后无法对自己进行法律保护，甚至有个别学生自己都参与违法犯罪活动当中，因此需要加强对大学生的法律教育。将法治观念深深融入其日常生活中。首先，学校应重视法律课程的学习，这里所指的法律教育是面向全校大学生的，从大一起就应该设置这一门课程，主要是学习一些最基本的法律知识，在实际教学过程中，教师应当注意方式方法，在传授法律理论知识的同时，注重培养学生的法律意识。教育他们当自己的利益受到侵害时，学会用法律武器保护自身的合法权益。其次，在大学校园里要开展多种不同层次和不同程度的法律知识讲座以及学术报告，全方位、多渠道地丰富学生的法律知识，形成知法、懂法、守法、用法的良好校园文化氛围。再次，组织学生尽可能参与法律活动中，从学习抽象的理论知识转换到体验形象的法律活动，例如，法律爱好者协会的同学可以组织“模拟法庭”供其他同学参观学习；学生自己模拟法官、律师等角色，可以更直观、更全面地感受实际案例，也能给其他同学提供好的学习体验机会。又如，可以多组织有关法律的知识竞赛，在比赛中学习，能有效提高学习兴趣。另外，大学生应学会通过自己的努力去主动学习法律相关知识，提高自身法律意识。平时多关注社会新闻和动态，多观看一些法制节目、阅读法律报刊，用法律武器来武装自己。为了在实践中强化法制观念，可以多参加与法律相关的团体、社会活动。将理论知识和社会实践融会贯通，大学生只要能努力地学习并接受法制观念，就能强化自己的法律意识。

二、注重心理健康教育

近年来，大学校园出现的心理健康问题日益增多，其中不乏学生自残、自杀等极端案例。据有关教育部门统计，由大学生心理健康问题所导致的安全事故，占安全事故总数的近四分之一。这也让心理健康教育成为维护校园安全稳定过程中的重要环节。做好心理健康教育主要有下几点：首先，需要大力宣传，普及心理健康常识。在低年级开设大学生心理健康相关课程。坚持以学生个人为中心、科学性为基础的原则，并选拔掌握丰富的心理学知识、熟练运用心理教育教学方法的人员来担任讲师。课堂上可以分析大学生常见的心理困惑以及分享交流自我调适的方法，实现大学生的自我教育和成长。另外，可以成立大学生心理协会等社团，在专业教师的指导下，举办形式丰富的活动，普及心理学知识，开展全面的心理辅导。其次，进行心理安全隐患排查，本着早发现、早解决的原则，进行全面的排查。在新生入校之际通过《症状自评量表 SCL90》等相关量表进行排查，约谈得分异常的学生。在班级里设置心理安全委员，密切关注全班同学的行为异常现象，并及时向班级辅导员汇报；一些心理异常行为很有可能会在宿舍露出端倪，这时应充分发挥寝室长的作用，及时发现、及时进行干预。另外，可以成立心理危机干预小组，在突发状况出现时进行及时处理，与校外心理咨询和治疗机构建立长期稳定的合作关系。强化心理健康教育，注重自己心理健康发展的同时也做到关爱他人，关心身边人的心理健康，做到主动参与并组织心理健康相关的活动，积极开展有关心理健康的研讨会和交流会。树立正确的三观，防范抑郁症等不良心理疾病的发生。

三、提高自我保护意识

当代大学生普遍都是独生子女，虽然已成年，但是生活经历相对简单，社会阅历少，安全防范意识也就相对要薄弱。这也是大学生成为盗窃、诈骗犯罪目标的一个重要原因。在营造安全、稳定的校园环境的同时，提高大学生的自我保护意识也成为至关重要的一环。首先，大学生要养成良好的自我防范习惯。校园里的偷盗、诈骗事件时有发生，网络购物的兴起更加让大学生成为网络诈骗的主要目标。案件的发生往往源于学生大意马虎，没有采取足够的防盗措施、易于相信陌生人等因素，这就使得大学校园成为犯罪者的乐园。因此，对大学生的安全教育要不断加强，提高他们的自我保护意识。以案例展示的形式，在现场向学生演示如何采取防盗措施，例如，手机不要放在衣服外口袋，离开宿舍的时候必须锁门，不向任何人透露自己的银行账号密码等。其次，要在实践中锻炼自己，积极参加社会实践活动。组织学生们参加学生会、学生社团等，让学生自己去体会如何与人相处，如何在保持良好社会关系的同时保留住安全底线。此外，还要鼓励学生在假期里积极参加兼职、实习等，让学生开阔视野，丰富阅历，培养明辨是非的能力。另外，通过全面、系统教育加强大学生自我防范意识，可以举行讲座、培训等，还可以通过课程设置的方式给学生以系统的教育和指导，提高学生的警惕性，增强其法律知识，强化自我保护意识，切实加强自我防范能力。

第二章　大学生政治安全教育管理

党的十八届三中全会审议通过了《中共中央关于全面深化改革若干重大问题的决定》,习近平总书记在对该决定的说明中指出:“国家安全和社会稳定是改革发展的前提。只有国家安全和社会稳定,改革发展才能不断推进。当前,我国面临对外维护国家主权、安全、发展利益，对内维护政治安全和社会稳定的双重压力，各种可以预见和难以预见的风险因素明显增多。而我们的安全工作体制机制还不能适应维护国家安全的需要，需要搭建一个强有力的平台统筹国家安全的工作。”由此可知，维护国家安全，已经成为全面深化改革的重要战略目标。我国政治安全的一个特殊性是必须保证中国共产党的绝对领导，必须以军事安全为保障，以经济安全为基础，以科技安全、生态安全、社会安全、文化安全为支撑。

改革开放以来，中国经济突飞猛进，全球化飞速发展，这给国家政治安全带来了新的挑战。在国际上，西方敌对势力通过多种渠道向中国传播其文化与价值观念，想要达到瓦解我国意识形态、颠覆政权的目的。在国内，我国已进入改革开放时期，各种矛盾积聚交织，改革发展稳定大局受到挑战。大学阶段是人思想成熟的关键时期，大学生的思想活跃，容易受到外界影响。受过高等教育的大学生数量多、分布广，他们的观念与行为会直接影响社会大众，树立与培养他们的政治安全意识就显得尤为重要。大学生是社会主义事业的合格建设者和可靠接班人，是国家建设发展的生力军。做好大学生政治安全观念的培养，引导好大学生政治安全的行为，是国家维护政治安全和社会稳定的重要环节。

第一节　大学生政治安全教育的重要性

一、政治安全的内涵分析

政治安全是指在一定的环境和条件下，国家主权、领土疆界、民族尊严、意识形态、价值文化国家制度和权力体制等方面的国家利益和国家安全的自主，并免受各种干扰、侵袭、威胁和危害的能力和状态。政治安全是国家安全最根本的象征，是国家利益的最高目标，其包含的要素有：主权独立、国土安全、政治制度牢固、政权稳定和政府安全、意识形态安全、民族尊严得到尊重和捍卫。中国共产党的执政党地位不能改变，中国的政治制度不能发生变化，中国的宪法制度不能受任何的挑战。要维护国家政治安全，就国内而言，执政党应代表最广大人民的根本利益，大力发展经济，促进文化繁荣，确保社会有序发展，增强民众政治认同，从而巩固政权的稳定性，保证社会主义政治制度不改变。国际上而言，国家要保证主权和领土的完整，捍卫国家的根本利益、提升国际地位。

二、对大学生进行政治安全教育的重要性

大学生是社会主义建设者、接班人，在当今全球化的背景下，加强大学生的政治安全教育，是主动应对政治安全挑战的重要举措。从社会层面而言，这不仅有利于引导大学生谨慎应对西方发达国家对我国的意识形态渗透，而且有利于维护我国经济社会可持续发展的和谐稳定内部环境。从学校层面而言，不仅有助于创建文明的校园文化环境，还有助于引导大学生树立政治安全意识。大学是思想容易起伏的时期，在当前国内外日益复杂的环境下，大学生中存在政治安全意识淡薄等问题，这就使得高校政治安全教育显得尤为必要和重要。因此，在政治安全工作中，加强大学生的政治安全教育是一个重要的环节。

（一）大学生的政治认同状况复杂

政治认同是人们在社会政治生活过程中所产生的一种情感和认知上的归属感。人们在一定社会中生活，总要在一定的社会联系中确定自己的身份，如把自己看作是某一政党的党员、某一阶级的成员、某一政治过程的参与者或某一政治信念的追求者等，并自觉地以组织的要求来规范自己的政治行为。政治认同在社会政治生活中有十分重要的作用，是把人们组织在一起的重要凝聚力量。当代大学生生活在深化改革的社会转型时期，他们的政治认同体现出前所未有的复杂性，即政治认同的忠诚性和困惑性并存。社会发展为形成良好的政治认同奠定现实基础。与 80 年代末、90 年代初的大学生相比，当代大学生的政治情绪比较稳定。改革开放以来，我国综合国力显著增强，中国特色社会主义在实践中取得了显著的成绩，世界地位日益提升，人民生活逐渐富裕。当代大学生们可以说是中国巨变的见证人，亲身经历了这一切。和平稳定的生活状态让他们发自内心地拥护我们的党，对党和国家的政治认同主流是积极的。客观上讲，大学生的政治认同还没有从情绪上升为理智，也就是说，大学生对中国目前发展的现实，有相当一部分是情绪上的认可，还缺乏冷静的思考、理性的认同。大学生在政治价值的认同和评价上，往往偏重于个人感受，容易受到社会现实的影响。当前国际政治格局多极化、国内改革的持续深入，社会上存在的和新出现的一些不合理的现象，使大学生感到困惑和苦恼。对于涉世不深的大学生而言，他们坚定的政治认同可能会被一些社会现实动摇。

（二）大学生缺乏政治安全意识的案例一直存在

我们从以往的国外间谍策反案件中发现，外国间谍策反的重要对象，往往是掌握着政治、经济、军事、外交机密的工作人员，或者是容易接触到此类信息的工作人员。但是，通过对最近几年的外国间谍策反案件分析，我们发现，他们策反的对象由以上提到的公务人员扩展到了大学生、企业工作人员、军事爱好者等人群。2014 年，《中国青年报》上有一篇《普通公民如何防范间谍——专访国防大学于巧华教授、裴士连博士》的文章。开篇，文章便提到了我国多个青少年被外国间谍策反泄露国家机密的新闻。“山东青岛，一名男子在夜色中潜伏到我军航母基地周围，暗中观察着军舰的停泊和进出港动态，并通过电话和网络不断将这些信息发送给境外某间谍。”“广东东莞，李某一名联系热络的‘网友’突然抛出金钱诱惑，让他偷偷地向国家图书馆订购了大量只有境内专业人员才能订购的军事类书刊。从此，李某开始走上了泄露国家秘密的道路。”“湖南湘潭，少年张某接到一个神秘的快递包裹，他摸出包裹中夹藏的存储卡，并对里面的加密资料进行处理，用电子邮件悄悄发往境外，充当了泄密情报的‘传递员’。”“哈尔滨一大学航天专业硕士研究生常某某由于挡不住金钱的诱惑，在不到两年时间里为间谍搜集情报和内部资料 50 多次，接受‘经费’20 多万元。这种违法犯罪行为，不仅断送了他的前程，还将使他受到法律的严厉制裁。”2014 年 11 月 1 日，十二届全国人民代表大会常务委员会第十一次会议通过了《中华人民共和国反间谍法》，引起了舆论的广泛热议。间谍似乎只在战争故事、荧幕剧中出现，而这一角色却突然跳入人们的视野，出现在现实生活中，并受到了国家的高度重视。

（三）大学生是政治安全的重要环节

政治安全是国家安全的核心，政治安全是国家一切事务顺利进行的保障。根据环境的不同，我们可以把政治安全分为国际政治安全和国内政治安全。毛主席曾经提出“打扫干净屋子再请客”的外交政策，国内政治安全是进行国际发展的前提条件和坚强的后盾。同样地，所谓“水能载舟亦能覆舟”，人民可以拥护建立政权，也可以颠覆政权。国民的政治认同和政治意识是国家政权存在的重要因素。大学生这一群体具有三个明显的特征：第一，大学生易于思想起伏。大学生数量多、分布广，他们的观念态度言论会直接影响社会大众的思想；大学生不仅是思想容易起伏，而且思想还不成熟，具有较强的可塑性，也可以说是更容易被误导。第二，高校是我国科研活动重要阵地，许多国家的重大科研项目都在高校进行，一些学生有机会直接参与项目工作，接触到涉密内容，另外一些不直接参与的学生，也可以通过查阅资料，或者向老师同学请教等途径间接获得项目的一些情况。第三，大学生行为表现较为活跃，容易引起注意，被人利用。大学生经常活跃在网络和社交平台，言谈之间很容易暴露自己的身份和学习生活情况，成为境外势力锁定的目标，并且缺少对网上复杂斗争形势的认识，防范心理不强，很可能沦为境外组织利用的工具。因此，在政治安全工作中，一项重要工程就是强化大学生政治安全教育。

第二节　大学生政治安全存在的问题

一、政治理论素养偏低，政治认知欠缺

高校扩招，一定程度上导致生源质量有所下降，学生的学习能力有限，对专业课的学习热情尚且有待提升，更何况是政治理论学习。当下，就业形势不容乐观，学生对个人的就业目标选择更加实际，专业课程的学习、各种证书的考取、社团活动的参与占据了他们的大多数时间。部分学生对一些社会问题、社会风气的认识有失偏颇，看问题也较为片面，认为政治理论就是说教、空谈，不能真正解决问题，从而对政治理论学习产生抵触心理。学习能力的有限、内在动力的不足和各种客观原因让他们学习政治理论的热情和质量都大打折扣，导致他们政治理论素养普遍偏低。

当代大学生政治认知的欠缺主要表现在政治认知表面化和片面化两个方面：

第一，部分大学生对于中国特色社会主义道路、理论、制度的认知较为模糊，而关于中国特色社会主义理论的知识大部分是来自课本上所学的内容，缺少政治实践、社会阅历和政治经验。很多在校大学生仅仅在应付各种政治理论考试，没有形成稳固的、积极的政治认同感，甚至对一些政治认同的主要内容也存在疑问与困惑。一方面，大学生一般都会对政治事件和政治事务给予高度关注，但是另一方面，学生对政治的深层内涵和具体运作原理还不大了解。比如说，一部分大学生并不清楚社会主义与资本主义的差异和各自存在的问题，他们对于西方国家敌对势力对我们的分化、西化的图谋和伎俩缺乏基本认识，对于之前很多社会主义国家所发生的制度变革虽有耳闻但并不了解其本质原因。

第二，部分大学生对中国特色社会主义道路、理论、制度的认识和理解比较片面。关于我国基本政治制度的内容，能回答准确的学生少之又少，而对政府机构的设置、权限、管理、职能了解得更是寥寥无几。如有些大学生认为贫困不均的现象是由改革开放造成的，并且对我国的发展道路存在诸多的不满与偏激看法，因此存在一定范围内或某些方面的不认同。大学生对于中国特色社会主义理论和制度的认识一知半解，他们的年龄差异和性格差异也使得他们对中国特色社会主义道路、理论、制度的认同程度存在一定的差异。

二、政治情感比较淡漠，政治参与热情不高

从整体来看，高校大学生思想政治觉悟普遍不高，政治安全存在一定的隐患。

政治情感淡漠主要是指政治认同主体所持的一种不关心、冷漠的政治态度。当代大学生正处于人生中最关键的时期，他们情感丰富，充满活力，政治情感积极乐观，并且会常常关心和关注国内外大事和社会热点问题，但是同时也有部分大学生认为政治与自己无关，只关注自己的个人利益得失，部分大学生存在一定程度的政治情感淡漠，表现出“两耳不闻窗外事，一心只读圣贤书”的态度。

当代的大学生大部分都是从小在无数的大考小考中走过来的，他们对国家大事表现出很大的关注，但是仍有部分大学生关注的是如何完成学业、找到好工作及过上理想的生活，部分大学生觉得政治问题离自己很遥远，只要好好学习将来事业获得成功，能够买房买车有一个温暖的家就满足了，还有一部分大学生得过且过，崇尚西方腐朽的价值观，每天沉迷于酒吧、网吧、谈恋爱等一些事情中不可自拔，这些都消解了大学生的政治热情，使得部分大学生对马克思主义政治信仰表现出迷茫、模糊和淡漠，这些现象显示出部分大学生比较关注自我的发展，而对学习、娱乐之外的政治不感兴趣。部分当代大学生越来越倾向于从自我的兴趣和需要出发学习知识，对于自己不感兴趣的东西则是消极被动地学习，这种学习状态导致他们不会主动学习政治知识和思考政治现象，对于西方各种政治观点全盘接受。部分大学生对国家大事漠不关心，对于投票选举等政治参与反应冷淡，有些大学生甚至放弃这一政治权利。

由于大学生有政治情感淡漠的倾向，所以他们无法把现实政治情感上的认同转化为行为上的积极参与，这会影响大学生政治认同的稳固性和持久性。随着中国的社会转型，利益阶层分化以及不同利益主体之间的矛盾冲突加剧，贫富差扩大、收入分配不公和腐败等各种社会现象，对部分大学生的政治情感和政治认同造成了一定程度的冲击，容易使部分大学生对于现实政治产生强烈的不信任感。面对某些重大政治事件，有些大学生没能站稳立场，缺少责任意识，没有政治热情和激情。

政治热情主要是指通过大学生的外在政治参与意愿和政治关注表现出来的内在心理动力。在校大学生当前正处于人生观、价值观塑造及确立的重要阶段，正处在政治理性形成的关键时期，此时极易表现出各种原因造成的政治热情和政治冷漠的复杂交融。目前在校的大学生多为“90 后”一代，他们呈现出更具现实性的政治需求，更为复杂多样的文化需求，以及更加强烈的成功需求和更加普遍广泛的社交需求等不同于其他群体的特点和标志。在校大学生往往会因为这些需求在社会转型时期受阻而产生群体政治热情的逐步下降，并在一定程度和一定范围内表现出政治冷漠，并在政治态度层面和政治行为层面具体体现出来。

在涉及民族主义和爱国主义事件和问题时，当代大学生同样容易表现出激进式和情绪式的关注和参与，但在日常生活中，大学生却可能会有意识或无意识地、主动或被动地避免常规渠道的理性的政治参与。具体表现为对政治权利和政治参与机会的漠视甚至主动放弃，如党团组织的选举活动、社会实践活动等，尤其是当前有些在校大学生对自己的权利没有引起足够的重视，在各种选举活动中，屡屡发生不投票、请人代投等现象，甚至对校内的各类与自身利益切实相关的选举活动中也表现出十分随便的态度，在很多政治参与活动中也都不同程度地表现出了这种政治冷漠。除此之外，当前的在读大学生中的政治盲从行为也同样不容忽视。这种大学生在政治参与和政治选择过程中的盲从行为既非出于特定的现实目的或动机，也非直接迫于某种特殊的外在压力，而是源自自身的一种“盲目”的“本能”和“不自觉”。这种由大学生政治行为中的政治盲从所表现出来的政治热情匮缺无论是对于我国社会和政治的发展，还是对大学生个体而言，都是毫无裨益的。

并非所有的大学生都具有较高的政治思维水平，部分大学生对娱乐事件的关注远远超出对政治的关注。有的大学生对中国传统文化的基本常识知之甚少，对基本国情及社会的发展和进步也不甚了解，甚至漠然置之，缺乏明辨是非的能力，人云亦云，盲目求同，又或目中无人、肆意妄为，人格发展呈现出畸形特征；部分大学生甚至没有最基本的政治同情和参与政治活动的热情，更没有对社会政治的人文关怀，公益捐资时囊中羞涩却在个人享乐时出手阔绰。

大学生的政治热情匮缺、人性道德冷漠具体来说表现为自我责任意识良好，但对社会的责任认知欠缺。相关研究表明大多数大学生都表现出强烈的自我责任意识和家庭责任感，但在人文关怀方面，超过三成的大学生认为个人理想要高于对社会的责任，缺乏社会意识和奉献精神，过于重视自己的理想和利益，对个人和社会关系的认识偏差，没有关怀社会的广阔胸襟，社会责任感缺失；当代大学生大多参与过公益活动或社会服务类活动，如志愿者、义务服务或支教等，但在面对重大社会责任时，少数学生却选择了退缩逃避，不能勇于承担起这些社会责任。多数大学毕业生出于个人利益和个人前途的考虑，不愿意投身经济相对落后的中西部地区，不具备充足的社会责任担当。除此以外，大学生群体还表现出实践层面的知行不一。大学生群体虽然在认知层面普遍认同对社会的人文关怀的重要性，在对主流文化的认同上也保持一致，善恶标准和是非观也相对完备，但在行动层面，他们仍然会呈现出利己的倾向性。以贪腐为例，大学生群体表现出强烈的正义感，对贪腐行为表示谴责，但在与自身利益相关联时，仍有部分学生会选择一些“灰色途径”如拉关系、走后门；再如见义勇为的行为是普遍认同的，但面对现实情况时，选择见义勇为的人少之又少，大多数人都是事不关己，明哲保身。

三、政治思想动摇，政治信仰受到挑战

信仰指对某种思想或宗教及对某人某物的信奉和敬仰，并把它奉为自己的行为准则。信仰以信念为基础，在一切信念中发挥着最根本的统摄作用。大学生政治信仰应该涵盖共产主义信仰、社会主义信仰以及对建设中国特色社会主义的信心与信念。当前，大学生的信仰呈现多元化的趋势。部分大学生对马克思主义及共产主义理想持怀疑态度，甚至否定态度。

部分大学生政治思想上的动摇，其实质是对共产主义远大理想中国特色社会主义共同理想无坚信，是政治意志薄弱的典型表现。由于缺乏政治理论素养、政治参与热情偏低，大学生政治信仰有以下两个现状：一是政治立场不坚定。西方敌对势力一直对我国高校进行意识形态的渗透，部分学生政治理论素养较低，被各种社会现象迷惑，丧失了辨别是非的能力，受人利用，做出危害国家、民族利益的事情。二是政治信仰带有功利色彩。比如，入党动机不纯，将入党与找工作挂钩。这种功利性，必然导致在入党后放松对自身的要求，甚至犯下一些错误，让人惋惜。

四、法治观念淡薄，政治行为容易失控

政治行为通常依据实施渠道的不同被划分为网络政治行为以及与之对应的现实政治行为。网络政治行为即大学生以网络虚拟空间为平台，通过言论、行动等形式来对政治过程产生影响的参与行为，这种政治行为通常表现为带有较强的虚拟性和狭隘性，但伴随着网络与我们生活的融合程度的提高，大学生们越来越倾向于选择网络政治行为，并通过发帖、微博搜索等方式参与政治活动。与网络政治行为相对应的现实政治行为则是指大学生们以实际行为在现实生活中进行政治参与的过程，这一过程就体现出强烈的实践性和体验性。

当信息通信网络手段与大学生的学习生活愈加高度融合的同时，各类社会思潮的大趋势对大学生的价值观念的取向以及人生观的树立和塑造也产生了愈发深层的作用。大学生政治思维的养成也难免要与网络社会所衍生出的网络政治相联系。大学生的网络政治行为在影响其自身所处的政治环境的同时，也对传统的大学生沟通交流、价值观念和塑造新的现代的政治思维产生了深刻影响。网络时代，以网络的特质以及大学生自身的身心特点为基础的网络政治行为落地生根。

“鼠标是最大的投票器、键盘是最大的意见箱、显示器是最大的民意屏幕，互联网每天都在上演民众集会。”网络在对大学生的政治行为具有明显推动作用的同时，不可避免地对大学生政治行为产生部分消极影响。首先，网络政治参与下的大学生普遍参与的热情因其随意性而具有较强的不稳定性。由于网络政治行为本身不具有任何强制效力，因此大学生主体进行政治参与的广泛性和积极主动性就无法得以保障，同时也阻碍了大学生们在政治参与时真实意愿的表达，这些问题均对网络政治参与的初衷的实现有负面影响。其次，外部环境的舆情动向极易干扰大学生的网络政治行为。网络本身无可避免地存在一些缺失，大学生又存在许多自身矛盾，这种情况下，大学生通过网络途径进行政治参与就必然地存在一些缺陷与不足。从众心理下，大学生不负责任地表达观点或看法的现象随处可见，这些都对政府的科学决策产生了不利作用。最后，法律及机制对大学生的网络政治行为的约束和规范管理仍有欠缺，在网络背景下，大学生政治行为缺乏一定的监督机制，某些政治素养较低的大学生便极有可能片面地追求个人利益，随意地发表过激性言论，更有甚者可能会传播、扩散政治谣言，触犯法律，给社会稳定带来负面影响。

大学生在现实的政治行为中表现出诸多的问题，如人生目标缺失或过低、错误的价值判断；还有个人主义、享乐主义、拜金主义的恶性膨胀，这就可能触及法律底线；还有一些追逐享乐、阳奉阴违、阿谀奉承等不良风气的盛行，政治道德下滑甚至败坏；还有一些大学生因步入社会大环境后的一些失落或不如意而产生了逆反心理，甚至做出伤害他人、报复社会的不理智行为；还有部分大学生会直接参与一些非法活动，例如非法的游行和示威、罢课，违法上访、告状，因个人的好恶诬陷他人等；严重者可能违法乱纪、行为失常甚至诱发心理变态，做出一些极端行为，如震惊社会的北京某大学学生刘某某“毁熊”事件和云南某大学学生马某某杀人案等。

第三节　如何加强政治安全意识与防护

一、树立国家利益高于一切的意识

在谈及国家利益问题时，邓小平同志曾强调要以国家利益为出发点来思考问题和处理问题，他常常把“中华民族”作为代表全体中国人民的利益主体，把捍卫民族利益与爱国主义联系起来，把以民族利益为重的举动视为维护国家利益的爱国行动。当前国际形势动荡不定，国际关系错综复杂，民族、宗教问题和领土争端日趋严重，作为当代大学生，要明白自己是中华民族的一员，并引以为傲，对于那些分裂国家或民族的行为要坚决制止，主动维护国家利益。具体来说，大学生应该做到以下几点：

第一，对于大学生来说，对内要把维护稳定放在压倒一切的地位。从我国历史上看，历代王朝的兴衰，都与社会的“治”与“乱”有着不可分割的联系。社会动乱，通常会为国家建设和社会发展带来阻碍，只有在稳定的社会环境中，国家才能求得发展。从我国当前的情况来看，我国是由多民族组成的国家，国内各地区的经济发展不平衡，民族文化差异较大，很可能会产生这样那样的矛盾。一些矛盾在外界诱因的影响下可能会诱发冲突事件等，影响社会安全稳定。所以，我们要特别重视保持国家的稳定。只有国家保持稳定，我国各项经济改革才能得到落实，才能建立一个良好的投资环境，大量吸引国外资金和先进技术，才能集中全民族的精力搞四个现代化。

第二，对外要把国家主权与安全的维护放在第一位。主权的独立行使是国家在国际关系中成为一个独立的利益主体的根本标志，而安全则是国家生存发展的先决条件。大学生要树立主权独立的意识，旗帜鲜明地反对外部势力干涉我国内政，反对外部势力威胁我国安全，这也是维护国家利益的根本要求。

第三，自觉学习国家的大政方针和政策，拥护国家的改革和发展。新时代的大学生，是实现中华民族伟大复兴历史使命的接班人，因此，了解国家发展状况和发展政策，是完成这一历史使命的前提和基础。对于在校大学生来说，可以采取多种形式来了解国家政策方针，比如，在课堂上通过形式与政策课程来了解和学习，课外通过网络、图书馆等进行自主学习。

二、重视政治安全教育，提升政治安全意识

知识分子的思想活跃度一般较高，而大学生的数量又在知识分子群体中占有较高比重，这一群体的思想观念和言论表达会直接对社会大众的思想动向产生影响。故而在维护政治安全的过程中，大学生群体的政治安全教育的强化是国家政治安全的重要环节。在对大学生的政治安全观教育中，教育内容和教育方法至关重要，学习策略也同样决定着教育效果，合理的学习策略可以对大学生接受政治安全观教育起到事半功倍的效果。

第一，大学生要意识到课堂的主阵地作用。一般来说，大学课堂包括“思想道德修养与法律基础”课程的课堂，但一般来说，课程讲授中关于政治安全的教育内容十分有限，大学生不应该止步于该课程的学习阶段，更要关注到学校开设的关于政治安全教育的各类选修课程，大学生可以根据自己的兴趣和需求选择不同的课程。

第二，大学生要充分利用课堂外资源。学生对于课堂讲授的内容的吸收与理解一般是有限的，为了充分发挥课外资源的作用，帮助大学生更好地体验政治安全教育，大学生群体应积极参与主题教育、专题讲座、文化宣传及案例互动分析等课外活动，同时要关注朋辈的影响作用，以此来提高自身的政治安全素养。

第三，大学生要依循成长规律进行分级教育。大学生群体的发展有其自身的特殊性和规律性，俗语常讲，大一的学生不知道自己不知道；大二的学生知道自己不知道；大三的学生不知道自己知道；大四的学生知道自己知道。因此，各个年级的大学生需要借助老师的力量，选择适合自己的政治安全教育内容，循序渐进，增强教育的实效性。

三、了解政治安全法规，强化守法意识

当今社会是法治社会，权力来源于法律，受制于法律。随着国际环境的巨大变化和科学技术的深入发展，国家的政治安全也面临着越来越多的威胁和挑战，影响国家安全的因素也越来越多样化，恐怖主义危害不断上升，霸权主义的强权政治表现出新的特征，所以作为当代大学生，增强自身的政治安全法制意识势在必行。首先，大学生要积极主动地学习有关国家政治安全的法律法规，明确评判是非善恶的标准。其次，大学生应当遵纪守法，严格依照法律法规办事，不做破坏国家团结统一的事情，不参加国家禁止的社会组织，不发表反动言论，不参加违反国家安全和个人政治安全的非法活动，避免因自己的错误言行招致对个人的政治思想、政治名誉、政治人格、政治道德和政治行为等各方面的谴责，或者否定性评价，甚至是终生的政治惩罚。最后，能依照法律的要求和规范来约束自己的行为并自觉履行公民的权利和义务，强化自身的守法意识。

四、坚持学习马克思主义理论，提升思想道德修养

马克思主义是我们立党立国的根本指导思想，是全国各族人民团结奋斗的共同理论基础，也是当前大学生政治安全教育的思想基础。树立政治意识要求进一步加强对大学生马克思主义基本理论的教育。正确的政治思想可以指导大学生建立科学正确的世界观和方法论，并保证大学生能够正确地认识问题、分析问题和解决问题。坚持马克思主义的立场、观点和方法，坚持马克思主义基本原理是大学生树立政治意识的首要任务。只有先明白什么是马克思主义，大学生才能做到坚持马克思主义立场，首先，大学生要结合课堂和实践，积极主动学习并切身感受什么是马克思主义；其次，大学生群体必须贯

彻解放思想、实事求是的思想路线，坚持追求和探索真理的革命精神，必须要牢牢把握正确的指导思想，将马克思主义的辩证唯物论内化于心，外化于行；最后，还要加强思想道德建设。大学生们如果不具备基本的道德准则，肆意破坏或损害国家和集体的利益，片面地追求个人主义，就极有可能会滑向政治犯罪的深渊。以破坏公共财物为例，这原本是一个道德的问题，如果超出了道德的限度就会变成犯罪，就会造成人身政治安全问题。高尚的道德情操必定会使个人言行受到道德层面的约束，从而使人身政治安全得到保障。

五、加强政治文明修养，增强政治责任感

加强政治文明修养是每个公民的义务。政治文明建设不仅对国家的政治制度、法制建设有明显的推动作用，还能使国家机关文明执政、文明行政，使司法机构文明执法。更重要的是每个公民也要加强自身的政治文明修养，为官者应文明行政，为民者要文明守法，讲究政治秩序，避免政治文明意识的淡薄或政治行为失控带来的政治伤害，使自身的政治安全失去保障。大学是培养社会主义建设者和接班人的基地，大学生是未来国家建设的栋梁，在校大学生的政治安全水平直接影响到人才培养的质量。如果培养出来的大学生没有高度的政治热情和基本的政治历史责任感，缺乏团结协作的政治精神和维护国家利益的政治激情，那步入社会也将是害群之马。因此大学生更是要加强自己的政治文明修养，增强政治责任感。首先，大学生要树立坚定的理想信念，自觉用马列主义、毛泽东思想、邓小平理论、“三个代表”重要思想、科学发展观和习近平新时代中国特色社会主义思想来武装头脑、指导实践，坚定实现中华民族伟大复兴的理想信念。其次，要善于运用人文精神来激发自身的政治情怀。马克思把人的本质概括为“一切社会关系的总和”，强调了人的社会属性，从人与社会的关系来看，大学生应该具备诚信、正义、责任、关注、爱护、爱国等情怀，但当下大学生的情感教育现状令人担忧，必须用人文社会科学来强化以人为本的人道主义教育，激发他们的历史责任感和政治热情。

六、加强大学生“非传统政治安全”教育

第一，大学生要正确利用网络，要充分认识网络的虚拟性和险恶性。国家政治安全的威胁因素长期存在，最主要的是一些不法分子利用大学生单纯、缺乏判断力、易被蛊惑等特点，在网络上大肆宣传反动思想，企图对大学生进行洗脑，令他们走上敌对国家的道路。为了减少和避免这类情况的发生，当代大学生应该充分认识网络的本质，网络世界不是一方净土，那里充满敌情和诱饵，盲目顺从、无知轻信便是被人利用的开始；天下没有免费的午餐，任何不劳而获或者超出个人付出价值的报酬，背后往往隐藏着可怕的陷阱；成功没有捷径可走，今天承诺要“助你成功”的推手，明天就可能是推你坠

落深渊的魔掌；大学生们一定要时刻牢记，莫伸手，伸手必被捉，国家安全不容破坏，任何人都不要心存侥幸，也不要轻易与网友见面，必须要明白网络世界中伪装自己的言行者数不胜数，网络世界中的个人形象可能与现实中真实的样子相去甚远。

第二，大学生一定要树立系统、科学、正确的民族观、宗教观，抵御敌对势力在高校制造的宗教渗透和民族分裂情绪。所谓正确的民族观，指的是科学认识民族现象、正确处理民族问题的观点和态度。大学生树立正确的民族观，首先要认识到我国是多民族的大家庭，是一体包含多元，多元组成一体的辩证统一；其次，要认识到我们的多元一体大家庭是一个命运共同体，要尊重差异，包容多样，和谐发展。所谓正确的宗教观，指的是用马克思主义的立场、观点和方法认识宗教，分析其本质和社会作用。对于大学生来说，最主要的一点就是要区分宗教和邪教的区别，如果遇到邪教，要做到不听不信不传，敢于检举邪教的违法犯罪活动。

第三，大学生要了解“非传统政治安全的教育”。“非传统政治安全”指的是传统的国家主权、领土完整、政权、政治制度、意识形态等传统政治安全以外的安全问题，如信息安全、环境保护、国际有组织犯罪、恐怖主义、走私、非法移民、贩毒等日益增长的国际问题。目前这些问题在高校中有增多的趋势，不仅需要老师及家长进行相关的教育和引导，还需要大学生自主抵制。

第三章　大学生人身及财产安全管理

第一节　人身侵害危机管理

一、人身侵害的类型及主要表现

调查显示，大学生法律意识缺乏，安全意识淡漠，安全防范知识空白，直接影响到校园内外生活的个人人身及财产安全保障问题。因此，掌握保障人身财产安全的方法和技能，学习有关安全防范的知识，对于保障大学生人身和财产安全、促进大学生健康发展具有重要意义。

大学生中发生的人身侵害主要包括四个方面：①有关人体健康的非法伤害（打架斗殴、绑架等）；②危及生命安全的非法侵害（如凶杀、投毒等）；③非法性侵害；④人身伤害（主要指人的人格和身份两种权利受到的侵害，既包括身体上受到的不法侵权，也包括人格方面诸如名誉、荣辱、隐私、人身自由等民事权利受到的侵犯）。

【案例】2012 年 12 月 31 日晚 10 点半，在某高校校园路奶茶店门口，一位大三学生王某在与小偷搏斗中，不幸中刀。事情经过：王某与同学在发现小偷行窃时，当场与之进行交涉。交涉无果，王某和同学与小偷厮打了起来。因为街上人多，所以王某等人并不害怕。在扭打过程中，这名男子突然掏出匕首，对着围着他的同学大喊："我一刀捅死你！"几分钟后，王某被刺伤。次日凌晨，王某死亡。

二、伤害危机的预防及应对

与其他行为相比，伤害危机是大学生受到的人身侵害中发生概率较高的行为。许多伤害危机发生前是可以避免的，如校园斗殴事件等。同时，伤害危机发生过程中，事件影响易大易小，正确处理可以避免更大的伤害事件发生。那么伤害危机应当如何预防呢？

（一）伤害的预防

1. 树立安全意识，远离危险游戏

人身安全危机无处不在，伤害事故有时甚至会发生在游戏过程中。因此，积极参加学校的安全教育活动、认真学习必要的防御技能、掌握安全知识、提高自身安全防范意识和防范能力是十分有必要的。

2. 在公共场所遇到寻衅滋事的人时，要尽量远离

遇到他人挑衅自己，不要意气用事，要积极向路人或者公安机关等求助。要学会谦让，尽量不与陌生人发生矛盾，以减少自己可能受到的伤害。

3. 特殊事件发生时要特别注意安全防范

如老师不在学校时、气候异常时、临放假离校时等，这些时期大部分学生情绪都不稳定，人际交往时特别容易发生矛盾，以至于造成人身伤害。

4. 特殊地点要特别注意安全防范

如没有监控的黑暗路段、人流较少的运动场，施工工地、湖边等。

5. 内强素质，外塑形象

大学生打架斗殴的原因一般很简单，大都是参与学生行为粗鲁、谈吐不雅，双方各执一词、互不相让，以至于大打出手。所以对于大学生打架斗殴的预防，还是要从大学生自身素质入手，不断提高自身思想道德素质，培养大学生礼貌谦和的传统美德。

6. 冷静克制，学会容忍

大学生打架斗殴一般由小矛盾小纠纷引起，但是在每个人的生活中都难免与他人产生矛盾，关键还是要学会宽容大度，冷静地处理这些问题。

7. 团结同学，营造良好的人际环境

大学生尽量不要结交校外人员，校外人员素质良莠不齐，极易发生危险。在班级中，要善于团结同学，与同学建立良好的人际关系。当与同学发生矛盾时，要积极化解。克服老乡观念和哥们儿义气，不要为了义气去参与打架斗殴，要做文明的大学生。

8. 积极培养自身法制观念，遵守法律和学校规章制度

不侵害他人利益，不影响他人的正常学习和休息。同时，作为大学生，要注意遵守校规校纪，并在生活中注意不要触碰道德红线，尊重社会的公序良俗，避免矛盾和纠纷的发生。

（二）伤害事件的应对

遇到人身健康伤害事件时，我们应当采取下列五种措施来应对。

1. 冷静对待，化解矛盾

在发生矛盾时，要互相谦让，学会主动回避，不能使事态进一步恶化。在冲突即将爆发时，首先要自己保持冷静和克制，切勿莽撞行事。

2. 寻求帮助，脱险为上

在遇到伤害危机时，要以快速脱离险境作为主要目的。通过语言的和解和行动的表示，快速撤离，避免矛盾激化。对于多人聚集斗殴，千万不能贸然冲入打斗现场，要第一时间向老师、辅导员、保卫处或者警方报案。更不能煽风点火，添油加醋，恶意起哄。当人身伤害危机造成了比较严重的后果，如有同学人身受到了严重伤害，要及时通过110报警和120救护，寻求公安机关和医护人员的帮助。

3. 正当防卫，切莫过当

犯罪分子在实施不法侵害时，要利用合适的方式进行反击，以避免或减少自己受到的伤害。在这些情况下，采取正当防卫的手段也是合法的。当看到他人遭受不法侵害时，也可以采取正当防卫的方式，保护国家和集体的利益和他人的人身安全也是法律赋予的公民义务。但是要注意的是，正当防卫不能超过必要的限度。

4. 保留证据，追责有痕

无论是他人打你还是你反击他人，一旦产生民事、刑事纠纷，谁掌握证据充足，结果就对谁更有利。如果人身健康受到伤害，被打伤的外表，要通过拍照、医院证明保留证据；受损坏的物品要及时收集起来并拍照。此外，还要注意证据保全，如保护犯罪现场、记录被害人的伤情等，积极协助公安部门侦查二作。

5. 化解矛盾，自我反思

如果出现了打架斗殴现象，给矛盾双方造成了人身健康的侵害，要首先进行自我批评，总结问题，多思考解决上述问题的其他途径。如果是自己的问题，要主动道歉以化解矛盾。同时，要深刻认识到，打架斗殴是影响恶劣、后果严重的违纪行为，要加以警醒。

三、凶杀危机的预防及应对

一直以来，人们认为校园比较安全。但是，校园内也会存在凶杀案和刑事案件。

（一）凶杀危机的预防

凶杀案件虽然有一定的突然性，但是大学生加强对预防人身恶性侵害事件的学习，提升自己的防范意识，在一定程度上可以避免凶杀危机的发生。

（1）要积极参加学校的安全知识教育活动，努力学习安全知识和防范技巧，努力提高自身的防范能力。

（2）要有社会责任感和法制意识，发现作案现场要及时报警并积极配合公安机关和保卫处的调查。

（3）恶性案件的发生通常有先兆。一旦发现作案人员的行为、精神出现了异常情况，要及时向保卫处报告，积极采取预防措施，最大程度上避免恶性案件的发生。

（4）在学习上，积极学习法律相关课程；在生活中，树立法治意识，增强法制观念。遵纪守法，不侵害他人利益，也不让他人侵犯自己。

（5）团结同学，化解矛盾。看似平常的学生矛盾可能导致严重的问题。因此大学生就要学会处理同学们之间的关系，同学间要学会互相理解、忍让，避免同学间矛盾激化。

（二）凶杀危机的现场处置

（1）准确判断现场情况。准确判断形势，分析是否威胁到自己的安全，当危险降临到自己头上，要想到如何能采取有效措施保全生命，反击歹徒，制服歹徒，停止凶杀。

（2）勇于报警不胆怯。一个人如果处于危险境地，一定要勇于报警；如果发现他人遇险，也要及时报警。形式上可以采取电话报警、短信报警，一般来说应先报警后反击。如果不报警就贸然采取阻止措施，不仅会延误警方抓获犯罪分子的时间，为警方的后期工作造成不便，还会给自身生命安全带来不必要的威胁。

（3）发动群众拿起武器。遭遇凶杀危机时，要表现你巨大的诚意，有锲而不舍的精神和灵活机动的技巧。如果可以，一定要发动群众共同阻止犯罪，反击歹徒，制服歹徒，将受害者从危险的处境中解救出来。同时，必须手中持有反击武器，即使没有武器，也可以使用腿、膝盖、肘、头乃至牙齿进攻，总之不能赤手空拳进行反击。

（4）脱离危险不恋战。无论用武器还是身体反击，都要把握一定限度。当歹徒停止犯罪后，马上就要停止反击，可以采取控制的办法防止歹徒逃跑，但是切不可在对方已经停止犯罪的时候继续攻击。

（5）证据保留清楚。① 证明因果关系的证据。我们在提起人身损害赔偿诉讼时，要有充分的理由证明被告实施了不法侵害行为、被告的不法侵害行为与原告自身所受的侵害之间存在因果关系。因此，当自身遭受人身损害时，应当及时寻找公安机关的帮助，保护好受害现场，留下证人的联系方式，以便日后向司法机关提供相关证人证言、事故现场的勘验笔录、现场照片等证据。② 证明诉讼时效的证据。诉讼中很关键的一点是，一旦过了诉讼时效，自身合法权益将不会受到法律保护。根据《中华人民共和国民法通则》的相关规定，身体受到伤害要求赔偿的诉讼时效期间为一年。伤害明显的，从受伤害之日起算；伤害当时未曾发现，后经检查确诊并能证明是由侵权行为导致，从确诊之日起算。诉讼时效因提起诉讼、当事人一方提出要求或同意履行义务中断，诉讼时效重新起算。因此，原告方需取得证明诉讼时效中断的证据，如向侵权人提出要求时的证人证言、录音资料，侵权人拒绝要求的书面资料。当然，以上证明材料中重要的是有关时间的内容。③ 证明损害事实的证据。《最高人民法院关于审理人身损害赔偿案件适用法律若干问题的解释》明确规定了人身损害赔偿的项目，因此，受害人应依据所规定的赔偿项目向律师或司法机关提交相关的确凿证据加以证明，将其诉讼请求明确，使所必需的法律事实建立在充分确凿的证据之上。如医疗诊断费、误工费、住宿费、交通费、护理费、营养费。

四、女生侵犯危机及应对

女性力量相对较弱，加之女大学生正处于青春年华，容易成为犯罪者假想的完美对象。如果没有防范心理和防范能力，女大学生就很容易受到侵犯，特别是夏季，这些案件的发生概率就更高。如何保证自己的安全，如何识破歹徒的诡计，是我们亟须解决的问题。

（一）女生暴力侵犯预防

女生预防暴力侵犯应当采取如下措施：

1. 要培养防范意识

保持清醒和冷静的头脑，在遇到暴力侵犯事件时才能下意识做出最有利于自己的反应。

2. 要注意出行安全

（1）在公共交通工具上，首先要选好自己的位置。女性最好站在车厢前面和中间的地方，这两个地方人流较少，且女性居多，比较安全。最好不要站在车门口，尤其是上下班高峰期，这里人流较多，比较危险。同时，据数据显示，女性站在拉手吊环下是最安全的，因为“色狼”如果在此下手容易被人发现，因此不敢轻举妄动。也有研究表明，女性如在车上看书看报，则受到性骚扰的几率将大大减少。在上下班高峰期间乘车，可以将随身携带的包放在胸前或者臀部，可以抵御流氓侵袭。如果搭乘末班车，注意不要打瞌睡，如果实在不得不进行短暂的休息，最好戴上黑色墨镜，并保持正常的姿势。

（2）在电梯里，如果和你一起乘坐电梯的是一名陌生男子，你应当站在电梯按钮控制板的一侧，一只手自然地放在控制板上，同时故作轻松地注视对方，但仍要心存戒备。有时，电梯快启动时，经常会有陌生男士突然跨进电梯准备乘坐，如果电梯只有你一个人，最好的办法就是，他进你出，提高防备意识。

（3）在路线选择上，如果在校园内行走，即使是白天，也要选择人流较多的道路。如果在校外陌生道路行走，要选择有路灯且行人较多的路线，最好结伴而行，不要单独行走。如果在校外行走，不要随意搭乘陌生车辆，发现异常情况，不要犹豫，走到人多的地方，并积极寻求公安机关的帮助。

（4）在出行方式上，尽量与他人一同出行。走到陌生的地方，尽量向女性问路，不得不向男性问路时，也不要男性带路。要心存戒心，对陌生人突然的纠缠要尽快摆脱，情况紧急时可采取报警措施。晚上参加娱乐活动时要与熟人一起，不要在陌生人多的地方停留太久。

（5）要了解青春期基本的性知识、性卫生常识。学习和掌握遭受性侵害后的处理办法，比如及时进行医学检查、采取避孕措施，将身体伤害降低到最小。同时，树立正确的性观念，理性对待性行为，将性侵犯带来的心理伤害降到最低。

3. 注意穿着举止

行走时不要左右张望，要挺胸抬头，目视前方。注意在公共场合下的穿着，不宜穿过低的低开领，超短裙，容易走光的低腰裤，过于紧绷的衣服。不要浓妆艳抹、发型怪异。夜里出门最好不要穿高跟鞋，以便在遇到紧急情况时尽快逃跑。也可以选择随身携带高跟鞋，作为自卫的有力武器。

4. 注意预防男子入室性侵

（1）单独在家时，不要给陌生男子开门，尤其是晚上，更要提高警惕。

（2）睡前或者出门前要锁好门窗，防止犯罪分子提前进入家中以便作案。

（3）回家时，要注意观察身后有没有陌生人尾随，如果发现有陌生人尾随，不要立刻回家，应该先到邻居或熟人家中避一避，或是寻求小区保安的帮助。

（4）居住环境不好、门窗易损坏的女性应尽量与他人合租，并在易被破坏的门窗处放置警报器。

（二）女生遭受暴力侵犯危机应对

（1）遇流氓挑衅时，不要害怕，不要唯唯诺诺，要横眉冷对，不予理睬；如果对方人多势众，要跑到人多的地方寻求群众的帮助，并利用一切机会及时报警。

（2）遇到不法行为企图猥亵时，应当及时喝止，往往能起到及时阻碍侵害行为的效果。如果喝止行为不足以吓退不法分子的时候，受害者应当首先选择智斗方法与歹徒周旋。要想办法麻痹歹徒伺机逃脱。当事人要仔细观察歹徒，了解歹徒的目的，以保全自身安全为原则快速判断采取措施。例如，受害人可以佯装突发疾病，满地打滚，喘气困难需要吃药等并伺机逃脱；还可根据情况，采取与其聊天了解其情况劝说放弃侵犯行为。伺机逃脱的过程中，应侧身逃离，以免歹徒从背后袭击。

（3）当无力抵抗不法分子的暴力侵犯时，应当视情况采取适当处理方式。首先应大声呼救，通过敲击物品、砸毁财物等方式引起群众注意。若不法行为人仍然继续施暴，或者行为已经转化成伤害行为，受害人应采取必要的抗争措施。例如，用随身携带的物品或周围物品自救，用发夹、泥土、铅笔、砖头等快速全力攻击对方的眼睛、胯部、耳朵等要害部位。此外，不要盯着歹徒看，歹徒会害怕受害人记住其面貌而杀害受害人，此时应当尽量不动声色地记住对方的面容、衣着、体貌等行为特征，以期脱身后给警方提供有力的线索。另外，面对强暴，女性的反抗虽是十分必要的，但是在反抗极易引起生命危险的情况下，应以保全性命为重。

（三）当暴力侵犯事件发生后

1. 求助警察、医生

遭受到性侵犯之后，不要羞耻胆怯，要积极地寻求公安机关的帮助，向警方说明案件的相关情况，以便警方获取证据并抓获犯罪嫌疑人。女性向公安机关报案时，应主要说明如下内容：① 案发时间、地点、作案人数；② 事件的起因及发展经过；③ 遭受了哪些侮辱及受伤情况；④ 作案人员的体貌特征及其他能够确定其身份的信息；⑤ 丢失物品的名称、数量、特征；⑥ 提供在场的证人等。另外，在遭受性侵之后，要及时到医院就医，以免发生不良后果。

2. 保留物证，调节心理

注意保护案发现场，对于现场发现的精液、血迹、毛发等能够确定犯罪嫌疑人身份的关键证据，应当采取妥善的保护措施。受害者尤其要调节自己的心理，必要时和信任的人倾诉，并积极寻求心理帮助。

五、校园暴力危机及应对

青年人是祖国的未来、民族的希望。青年人的整体素质展现着一个国家的发展状态。我国正处于发展的重要阶段，青年人的健康成长，直接影响着祖国的未来。近年来，大学校园暴力事件频发，给部分青年人健康成长造成了不可弥补的伤害。现如今媒体发展迅速，校园暴力事件得以广泛传播，给社会发展造成了巨大的不良影响。

（一）校园暴力的类型及成因

校园暴力是指在校园里发生的暴力事件。它包括学生之间、师生之间的暴行以及对学校的破坏行为。暴力行为不仅指肢体行为所造成的伤害，也包括了其他行为，例如，语言伤害、被强迫做自己不喜欢的事、被故意陷害致造成生理和心理的伤害等。

校园暴力可分为三类：语言型暴力、武力型暴力和精神型暴力。语言型暴力是指通过言语辱骂来攻击他人的心理的一种暴力形式。我们生活在自媒体时代，人人享有话语权。这就导致了现实中存在大量的“水军”，故意散布不实的信息，给他人的名誉造成不良的影响。武力型暴力是指通过武力给他人身体造成伤害的一种暴力方式，如打架斗殴。精神型暴力是指利用受害人的精神弱点，不断给予受害人精神压力的暴力方式。常见于学生宿舍，比如四个学生彼此不沟通、不交流，四个学生分成几个小团体等。

（二）校园暴力的预防

（1）使用个人用品时尽量低调，不要炫耀。

（2）在校园内要行为大气、态度谦和，不要故意招惹身材高大性格霸道的同学；与同学发生冲突之后要想办法解决，自己的错误要勇于承认并主动道歉，实在不行时寻求老师的帮助。

（3）在校园中尽量结伴而行，不要走行人较少的路；天黑时，要选择行人众多、灯光明亮的路线。

（4）尊重他人，也认同自己。要理性地看待自己与他人性格上、价值观念上的差异，体会每一位同学性格上的可爱之处，同时形成自我认同。

（5）参加自卫训练。提高自身素质，减小自己受到伤害的可能性。

（三）校园暴力的危机应对

（1）如果遭遇语言和精神暴力，在尚未影响日常生活的情况下，首先要保持冷静，调节好自我心态，健康积极生活和交友，不要理会侵犯者。侵犯者往往会因为受害者的不回应而失去继续语言暴力的兴趣。

如果侵犯者不断地实施语言和精神暴力，要积极地与侵犯者交流，告诉他这种行为给你带来了不好的影响并要求他停止。一般情况下，侵犯者会意识到自己的错误。

（2）如果遇到校园欺凌事件，可以冷静沉着地大声告诉对方，对方的行为是违法的，是要受到法律的制裁的。要充分利用法律的威严来攻克对方的心理防线。

（3）如果对方还是继续欺凌行为的话，一定要理智，不要害怕，尽量拖延时间，并找机会报警。如果是在公共场合，要积极寻求群众的帮助，大声向路人呼救。要顺从对方，不要激怒对方，以保障自身的人身安全。寻找一些话题缓解压抑紧张的氛围，取得对方的信任，为自己争取时间等待救援。

如果施暴者采取武力手段，一定要保护自己并采取自卫手段，不能默默挨打。要用行动告诉对方自己不是软弱可欺的。采取自卫手段是为了给对方一个震慑作用，一般情况下会使对方心虚而停止侵害，默默忍受只会让对方变本加厉。

（4）遭受校园暴力事件之后的应对措施：① 遭受暴力之后，很多人都会受到不许报警的威胁，但碰到这种事情一定不要忍气吞声，也不要以暴制暴，要用法律手段来解决。② 事情发生后，主动把发生的情况告诉家长、辅导员、老师。请求他们帮忙维护权益，解决暴力问题。③ 法律永远是保护我们最好的武器，遇到严重的暴力侵害要用法律手段解决。

六、校园宿舍火灾危机及应对

学生宿舍是学生休息、生活、学习的综合场所，学生一天中至少一半的时间在这里度过。一旦发生火灾，特别是在夜间，将对学生的生命财产安全构成严重的威胁。因此，学生宿舍是学校防火工作的重点部位。

（一）学生宿舍的起火原因

学生宿舍内人员密集，存放大量的可燃物质，如书、蚊帐、窗帘、书桌以及衣服等。在点火源的作用下，极易发生火灾并迅速蔓延，因而，我们应了解学生宿舍引起火灾的主要原因。

1. 私接乱接电源，违规使用电器

为了使学生休息好，学校在宿舍用电方面有严格规定，但有的学生为了自己方便，从室内灯头处私接电源，将电线放在床底下的垫子上，一旦电线老化裸露极易发生短路。

少数学生违反宿舍防火安全管理规定，私自使用劣质电器和大功率电器（包括充电器、热得快、电吹风、直板夹等），使电线超负荷，造成短路，引起火灾事故。

2. 用酒精炉做饭

有些学生图方便，在宿舍内使用酒精炉做饭，若处理不当，极易发生火灾事故。

3. 点蜡烛看书

部分学生平时不认真学习，考试前临时抱佛脚，晚上在宿舍点蜡烛“加夜班”，或是看小说，如不小心碰倒蜡烛，或是睡着了而蜡烛未熄，结果蜡烛烧到底，点燃了室内的书籍、床板等可燃物品，引起火灾。

4. 躺在床上吸烟或乱扔烟头

男同学中抽烟的为数不少，有的烟抽完后不掐灭烟头，随手扔掉，少数学生躺在床上吸烟，烟头一旦掉在床上，极易发生火灾事故。

5. 焚烧杂物

在宿舍或走廊内焚烧杂物是非常危险的，如果人离开而火未熄，或是火太大无法控制，极易引起火灾。

（二）学生宿舍火灾的防范措施

1. 增强学生安全防范意识

预防火灾隐患，一靠思想教育，二靠制度规范。增强学生安全防范意识，杜绝不安全行为是预防火灾隐患的根本性工作。因此，学校应把防火安全教育作为一项经常性工作常抓不懈。职能部门应经常对学生进行消防安全教育，从思想上真正筑起安全防线。

2. 增强学生法制观念，提高学生遵纪守法自觉性

经常组织学生学习《中华人民共和国消防法》和《高等学校消防安全管理规定》，让学生了解和掌握有关法律知识和校规校纪，做到知法、懂法、守法，提高法律素质，增强遵纪守法自觉性，并能依法维护自己的合法权益，学生在宿舍内应自觉遵守防火安全的规定。

3. 学校管理及制度保障是学生宿舍防火的重要因素

学校应该高度重视学生宿舍火灾防范工作，要完善管理制度，应特别注重发挥学校辅导员的作用，落实辅导员定时查寝制度，定期开展消防安全教育，让同学们了解防火的重要性。把防火列为对学生日常管理的内容之一，经常对学生进行教育、提醒和突击检查。

七、正当防卫

根据《中华人民共和国刑法》的规定，为了使国家、公共利益、本人或者他人的人身、财产和其他权利免受正在进行的不法侵害，而采取的制止不法侵害的行为，对不法

侵害人造成损害的，属于正当防卫，不负刑事责任。正当防卫明显超过必要限度造成重大损害的，应当负刑事责任，但是应当减轻或者免除处罚。对正在进行行凶、杀人、抢劫、绑架以及其他严重危及人身安全的暴力犯罪，采取防卫行为，造成不法侵害人伤亡的，不属于防卫过当，不负刑事责任。

【案例】 2008 年 10 月 1 日晚，大学生程某与男友冯某看完电影回学校。在距学校还有一点距离时，冯某发现有两名歹徒跟踪他们，于是拉着程某就跑。随后两名歹徒追了上来，冯某让程某先跑，自己独自与两名歹徒周旋。程某看到冯某只身与歹徒搏斗，而且被歹徒刺了几刀，吓得大声呼救。歹徒见程某大叫，便拿着刀向程某跑了过来。程某包中正好有一把水果刀，慌乱中便向歹徒乱刺去。此时有路人赶来，歹徒见状便逃跑了。逃跑过程中有一名歹徒因失血过多而死，据警方调查，程某的行为系正当防卫，不承担法律责任。

正当防卫有必要的条件。首先，必须存在实际的不法侵害，如果不存在，则不属于正当防卫。其次，不法侵害行为必须正在进行，不满足正当防卫的时间条件，称为防卫不适时。防卫不适时有两种：在不法侵害实施之前进行防卫，属于事前防卫。在不法侵害实施之后进行防卫，属于事后防卫。防卫不适时，列入故意犯罪的范畴。正当防卫的对象只能是不法侵害者，不能是其他人。另外，如果是故意引诱对方实施不法侵害，然后以正当防卫的理由加害对方，即防卫挑拨，则不属于正当防卫，而属于犯罪行为。

第二节　食品、药品安全管理

一、食品安全问题

（一）食物中毒及表征

1. 食物中毒的含义

食物中毒是指食用了不利于人体健康的物品而导致的急性中毒性疾病，通常都是在不知情的情况下发生食物中毒。《食品安全法释义》第九十九条规定：食物中毒，指食用了被有毒有害物质污染的食品或者食用了含有毒有害物质的食品后出现的急性、亚急性疾病。

2. 食物中毒的分类

（1）细菌性食物中毒。这类中毒大多发生在夏季，由于天气炎热，食物中易滋生大量的有害微生物，并产生毒素。人们吃了含有大量有毒细菌的食物就会引起细菌性食物中毒。

（2）有毒动植物食物中毒。有毒的动物，如河豚、鱼胆、鲐鱼等，有毒的植物如蓖麻子、毒蜜、苦杏仁等。这些动植物或是由于烹饪方法不当，或是生食了有毒的成分，很容易引起食物中毒。

（3）化学性食物中毒。由于疏忽大意，不小心将老鼠药、农药等剧毒化学药品放入粮食中，或者蔬菜瓜果上的农药残留过多，人们食用这类被化学毒物污染的食物引起的中毒，即为化学性食物中毒。

（4）真菌毒素和霉变食物中毒。霉变食物大多含有真菌毒素，人们出于节约或者不知情的情况食用了这种食物，往往会出现各种中毒症状。这种由真菌毒素导致的食物中毒，即为真菌毒素和霉变食物中毒。

3. 食物中毒的特征

（1）发病呈暴发性：短时间内突然发病，来势激烈潜伏期短。

（2）具有相似的临床症状：中毒病人一般都有恶心、呕吐、腹痛、腹泻等症状。

（3）发病与食物有关：患者大都使用了某种食物，发病的范围会局限在食用了这种食物的人群。停止食用该食物后，发病很快停止。

（4）食物中毒不会传染，仅局限在个人。

（5）有明显的季节性：细菌性和有毒动植物食物中毒多发生在夏秋季节；肉毒中毒等多发生在冬春季节。

4. 食物中毒的表现

食物中毒者最常见的症状是上吐下泻，腹部疼痛进而引发脱水。还有眼窝下陷、肢体无力、脉搏微弱进而引发休克等症状。

（二）食物中毒的发生原因

1. 细菌性食物中毒

细菌性食物中毒是由于人们摄入了含细菌毒素的食品而引起的。引起这类食物中毒的原因最主要的是食物被细菌污染。据资料显示，我国食物中毒发生的种类的一半就是细菌性食物中毒，其中，引起细菌性食物中毒的主要食品是动物制品，尤其是熟肉制品，其次是变质、病死畜肉等。

但是并不是所有被细菌污染的食物都会引起食物中毒，只有细菌在食物中大量积累产生了足以致病的毒素才会引起中毒。那么怎样才会引起细菌在食物中的大量繁殖呢？首先是贮藏方式的不当，尤其是把食物放在较高温度下贮藏，食物中的水分等都会引起致病细菌的大量繁殖。当然，如果在食用前对食物进行彻底加热，也不会引起中毒。因此，食前没有充分加热也是引起食物中毒的原因。

2. 真菌毒素中毒

真菌在食物中繁殖产生足以致病的毒素，一般的加热方法并不能破坏食品中的毒素。产生真菌毒素需要一定的温度和湿度，所以这类食物中毒季节性和地区性比较明显。

3. 动物性食物中毒

动物性食物中毒主要有两种：① 误食了本身含有有毒成分的动物或动物的某一部分引起中毒反应；② 由于烹饪方法不当使得某些动物性食品含有了毒性，如食用鲐鱼。据数据显示，我国发生的动物性食物中毒事件中最多的是食用河豚中毒。

4. 植物性食物中毒

植物性食物中毒主要分三种：① 植物本身含有毒性，被加工成食品供人食用，如毒蘑菇、大麻油等引起的食物中毒；② 在食品烹饪或加工过程中，没有破坏掉食物含有的毒性物质，如木薯、苦杏仁等；③ 不当食用植物性食品，如食用发芽的马铃薯、没烧熟的扁豆等引起的中毒。菜豆中毒、毒蘑菇中毒等是最常见的植物性食物中毒，可引起死亡的有毒蘑菇、曼陀罗、银杏等。依照目前的医疗水平来看，治疗植物性中毒没有什么特效疗法，所以中毒的预防比中毒后的处理更为重要。

5. 化学性食物中毒

化学性食物中毒主要包括如下三种：① 误食被有毒物质污染过的食品；② 食用食品添加剂过量或者加入了非食品添加剂的食品；③ 食用由于储藏方式不当而引起食物营养物质发生变化产生毒素的食物。化学性食物中毒的发病与进食的时间、进食量有关。一般进食后不久突然发病，而且病因相同的病人症状都非常相似。有关化学毒物可以从剩余食品、呕吐物、血和尿等样品检测出来。处理化学性食物中毒时应快速及时，不然会对病人的生命安全产生极大的威胁。

（三）食物中毒的应急处理办法

在生活中，如果发现有人出现上吐下泻的症状，应立即拨打 120 急救，同时停止食用造成中毒的食品。在救护车到来之前，可以采取以下措施进行急救：

1. 催　吐

如果中毒不久，没有明显呕吐的症状，可以用手指或者筷子刺激舌头进行催吐，或者让中毒者饮用大量的温开水，以减少毒素的吸收。当催吐物变成澄清的液体时，让中毒者饮用适量的牛奶，以达到保护胃黏膜的作用。如果催吐物出现血色，则说明消化道等可能出现出血，应停止催吐。尽量让患者处于侧卧状态，避免出现呕吐物堵塞中毒者气管。另外，催吐过程中让中毒者多喝盐开水补充水分。

2. 导　泻

如果病人中毒时间已超过两小时，但是精神较好，可服用泻药进行导泻，将有毒食物排出体外。也可以用大黄、番泻叶煎服或用开水冲服，也可以起到相同的作用。

3. 保留食物样本

在中毒发生之后，要保留食物的样本，以便医生对中毒原因的检测核对中毒人员的治疗。如果找不到剩余食物，也可以保留中毒人员的排泄物或呕吐物，方便医生确诊和治疗。

4. 正确的休息姿势

如果腹部疼痛剧烈，可采取仰卧姿势并将双腿抬起趋向胸前弯曲，可有效缓解腹痛及肌肉紧张，为了保持血液循环，要注意腹部保暖，如果中毒者出现脸色发青、冒冷汗的症状，要注意立即就医，防止中毒者休克。

（四）食物中毒的预防

针对上述食物中毒发生的理由，应从以下三方面进行预防：防止食品受到细菌污染、控制细菌生长繁殖和杀灭病原菌。具体的措施如下：

1. 防止食品受到细菌污染

（1）保持清洁，与食品接触的所有工具都要保持清洁、厨房的环境也要保持清洁。烹饪食物时，食物和手都要洗净，触摸不同的食物后都要对手进行清洁。注意除虫，老鼠、蟑螂等有害动物要及时清理。特别提示：熟食操作工具不仅要进行清洗，还要进行消毒。

（2）生食品和熟食品要分开处理，处理生食使用过的工具和砧板，在处理熟食时要进行消毒。处理生食之后要对手进行消毒之后才能进行其他的操作。特别提示：生熟食品的存放要严格区分，盛放熟食品的容器一定要进行严格的消毒。

（3）使用洁净的水和安全的食品原料。首先，要选择正规渠道获得的、新鲜的食品。其次，要使用清洁优质的水，食材要进行彻底的清洗。特别提示：对于操作过程复杂、生食海产品等食品，要严格按照食品安全加工流程来操作，还要尽量缩短食物的存放时间以保证新鲜。

2. 控制细菌生长繁殖

（1）控制温度。预计存放时间超过两小时的，应将食物置于5℃以下的环境下保存。冷冻食品化冻时，要在5℃以下的环境下进行解冻。乳制品进行冷藏时，要在5℃以下的环境中进行。特别提示：冰箱内的温度要比食物的中心温度至少低1℃。不适合用冰箱进行冷却的食物，可以采用冰浴的方式。食品不应用冰箱进行冷却，有效的冷却方法是将食品分成小块并使用冰浴。

（2）控制时间。食品从加工到食用的时间间隔最好不要太长，一般不要超过两小时，海鲜类的食品一般不超过一小时。冰箱中的食材不要储存太长时间，尤其是生鲜类的食材，可以在盛放其的容器上贴上标签，以辨别时间。

（3）烧熟煮透。烹饪食物时，一定要将食物进行彻底加热。对于存放过一定时间的食品，更要彻底加热至中心温度达到 70℃以上。如果食物中含有耐热的毒素，就不要再加热食用了。冷冻的食物要彻底加热后再进行烹饪，避免外熟内生。

（4）严格清洗消毒。不经加热直接生食的食品如生鱼片，应首先进行清洗，然后进行严格的消毒。盛放类似生鱼片这样的食品的容器也要进行消毒，进行烹调时手也要进行消毒。特别提示：对餐具最有效的消毒方法是热力消毒，比如煮沸或者蒸汽加热。

【案例】 小王是某高校的学生。某天小王在宿舍打游戏，中间休息的时候，他订了外卖土豆牛肉。食用后不一会儿他觉得喉咙瘙痒、头晕恶心，实在觉得难受，于是他上床躺一会儿，十几分钟后他数显了发热、抽搐和呼吸不畅的症状。小王意识到情况有点严重，就叫了同学陪他一起去医院。大夫说小王是吃了发芽的土豆导致的中毒，随即给小王开了药。

二、药品安全问题

（一）日常用药安全

1. 常用药物分类

药品分类：处方药、非处方药（甲类非处方药、乙类非处方药）。

处方药是必须凭借医生的处方才可调配、购买和使用的药品。处方药多适用于一些复杂严重的病症，患者不能通过自我判断而自行服药。常见的处方药有注射剂和抗生素等。在处方药的外包装或者说明书上，可以看到“凭医生处方销售、购买和使用”的告示语。

非处方药是不凭医生的处方也可以进行调配、购买和使用的药品。它具有疗效肯定、服用方便、质量稳定的特点。非处方药在美国被称为“可在柜台上买到的药品（Over the Counter，OTC）”，后成为全球通用的俗称。

2. 药物说明书常识

首先，药品使用说明书是对该药品的一个简单介绍，患者在服用药品前，要仔细阅读药品说明书，尤其是对药品用量、服用方式、禁忌、注意事项等。说明书上列出的用药方法，如如何注射、如何服用、一天几次等，一定不要弄错；药品说明书上表明的剂量、使用方法等是针对大部分人而言的，有些人对药品特别敏感，即使严格按照使用说明来服用还是会造成不良反应，所以在服药时我们要小心谨慎，留心不良反应。

其次，学会看药品规格。每一包装的药品都会写规格，如硝苯地平控释片 30 mg × 7 片：这盒药总共有 7 片，一片是 30 mg。当医生叮嘱每次服用 30 mg，就表明一次服用一片。这时只要谨记“30 mg=1 片”“60 mg=2 片”，简单换算就可以了。另外，有的药品并非是整片服用，如酒石酸美托洛尔片，其规格是 25 mg × 20 片。医嘱：12.5 mg/次；一日两次。那也就是一次半片，早晚各服一次。

由此不难看出，在用药时，要看清药品的剂量单位，然后换算成简单的“一片”“一支”等，方便自己记忆。当药品为溶液剂型，要用重量单位计算用量时，要先看清两者之间的关系，如布洛芬混悬液规格是 100 mL：2 g，即“100 mL=2 g”，当患者要服用 0.2 g 时，服 10 mL 即可。

3. 日常用药安全注意事项

在日常生活中用药除了要注意区分药品为处方药还是非处方药以外，还要注意以下几个问题：

（1）注意识别药品和非药品。首先，要看清批准文号。正规药品的包装盒上均印有国家食品药品监督管理总局批准的药品批准文号。国产药品批准文号格式为“国药准字+1 个字母+8 个数字”，如“国药准字 Z11020361”；进口药品必须要有进口注册证号，格式为“H（Z、S）+4 位年号+4 位顺序号”，如“H20111029”。进口药品标签上必须用中文简体注明药品名称、成分、注册证号等事项，未注明中文或仅有外文说明的，均为未经我国批准进口或假冒的药品。正规药品的批准文号，均可通过登录国家食品药品监督管理总局网站 www.sfda.gov.cn 的药品基础数据库进行查询。

其次，要看清药品存放位置。在购买药品时，可以根据药品摆放的位置来区分药品和非药品。正规的药店都设有药品专区和非药品专区。

再次，要注意购买渠道。应该到正规的药店或者医院购买药品，并且保存好发票。不要到一些不正规的诊所或药店买药，不要轻信药品推销者的话，不要轻易相信广告而邮购药品。

（2）不要看广告吃药。

广告宣传有一定必要性，但是难免有一定片面性，存在过于夸大其词的可能，对产品的缺点往往选择回避，对疾病、药物缺乏完整和全面的介绍，因此不能光看广告来选择药物。

（3）合并用药不宜过多。

药物之间有一些相互作用，有些药在一起会发生不良反应或疗效抵消的情况，这种情况是禁止合并使用的。同时，对于同类药，药效相似，合并使用就等于药量相加，也会产生不安全的毒副作用。

（4）要恰当地选择抗生素的使用。

滥用抗生素会使体内病菌产生耐药性，从而使疾病更加难以治愈。此外，抗生素容易引起药物过敏反应，进而损伤部分器官的正常运转。

（5）安眠药物的中毒症状和预防。

大量使用和误服安眠药、镇痛药会使中枢神经系统受到抑制，引起中毒，因此要严格管理上述药物，防止乱服、误服。发现中毒后要立即送往医院治疗。

（二）药品的贮藏安全

1. 药物变质信号

如果药品出现如下现象，则表明药物已经变质，不能服用：

胶囊表面发生粘连；丸剂有变形、变色、发霉或臭味；药片发霉、出现结晶；糖衣片褪色、出现花斑、发霉；冲剂受潮结块变硬；药粉发酵变臭；药膏出现油水分层；内服药水出现絮状物、沉淀物，或产生气体；眼药水混浊、沉淀、变色出现纤维等；注射液变色、混浊、沉淀或结晶析出。

2. 日常药物储存各有禁忌

（1）鱼肝油怕光，益生菌类怕烫。

西药是化学制剂，紫外线的照射会造成药品的变质。尤其是维生素类和抗生素类药，经紫外线照射会降低药效，甚至产生危害物质。

比如服用变质的维生素 C，就容易使人患胆结石；鱼肝油见光后药效会降低。所以对于维生素等药品，储存时避光存放。为了避免遇光，可以放在不透明的瓶子里并置于暗处。

酶类有助于消化，益生菌类对腹泻疗效显著，但它们都怕“烫”。酶类的成分是蛋白质，高温会让它凝固坏死；益生菌在高温下也会被杀死。因此服用这两类药一定要用温水，储存时要选择低温环境。

（2）丙种球蛋白怕热，止咳糖浆怕冷。

类似丙种球蛋白这类药物，应该放在冰箱里冷藏，不然药品容易变质，药效也会降低。这类药品最适合低温保存。

然而，糖浆类药品则非常“怕冷”，绝对不能放在冰箱里冷藏。如果放在冰箱里，会导致药物的溶解度降低，服用时药品浓度会发生变化。因此这类药品室温保存就好了。

储存药品时，要仔细阅读药品说明，不同的药品要采用不同的储存方式。过冷过热的环境都会对药品产生不利的影响。

（3）阿司匹林怕潮。

阿司匹林特别容易吸收空气中的水分导致受潮，受潮之后就会产生大量的酸性物质，服用受潮的阿司匹林会对人的胃造成不利影响。所以阿司匹林必须在密封的条件下保存。

此外，维生素 B1、葡萄糖酸钙等也极易受潮。这些药品受潮之后药会出现溶化、发霉、粘连的现象，这时的药品已经变质，不能继续服用了。

（4）与西药不同，中药怕虫。

人们在制作中药时，经常添加蜂蜜，所以中药特别招虫子。在储存中药时，尽量不要储存太多，随吃随买。

（5）除此之外，还有一些常见药的储存方式比较特别。

硼砂易于风化，应当密封保存；红花油易挥发，也要密封保存。密封保存时要选择玻璃瓶，瓶盖拧紧，不要漏气，否则容易变质。

（6）不要把药混放在小药盒里。

有些人为了随身携带药品，乐意将药品放在小药盒里。据专家分析，这样对药品进行混装是不对的，而且也不卫生。如今大多数药品都是独立包装，可以将药品和其小包装一起放到药盒里。

（7）药品储藏小贴士。

对于口服液类的药品，一次不要倒太多，用多少倒多少，尽量不要往回倒。在服用时，不要接触瓶口，以免污染药品。眼药水、乳膏类的药品在使用时要注意对出药口的保护，防止出药口和剩余药品被污染。精神类的药品在保管时要上锁，避免他人误食。要保存好药品的包装盒和使用说明书，每次吃药时要看清保质期限。如果不知道药品类型，不要贸然服用。

（三）常见药物的不良反应

药品的不良反应主要如下：

1. 副作用

这指在正常服药的情况下产生的一些不是治疗作用的反应。如麻黄碱本来是止喘药物但是会引起失眠；阿托品可以治疗解痉但会引起视觉模糊。

2. 过敏反应

一些体质特殊的人正常服药时出现的特别反应。如皮疹、休克甚至死亡。

3. 毒性反应

患者正常服药的情况下出现药理作用引起功能性损伤。如服用磺胺类药物引起的皮炎皮疹、皮肤瘙痒、血管神经水肿等。

4. 后遗效应

如长期服用安眠药次日会有昏睡感。

5. 成瘾性与依赖性

如长期服用吗啡使身体对药品产生依赖，戒不掉。

6. 致畸作用

有些药品孕妇服用后可能导致胎儿畸形。

7. 致癌作用

某些药物可能诱发机体组织癌变。

（四）常用药物的注意事项

1. 解热镇痛药

服用含对乙酰氨基酚的药品时，不要同时服用其他解热镇痛药。对于双氯芬酸钾胶囊，一定要在饭前吃，饭后吃的话容易降低它的吸收率。

2. 抗组胺药

扑尔敏有嗜睡的副作用，司机或其他危险作业者在服药后就不应进行工作。对于西替利嗪，司机和其他危险作业者也要谨慎服用。

3. 抗菌药

服用头孢菌素类抗菌药后不要饮酒，不然会引起中毒；头孢呋辛酯应该在饭后服用，饭前服用会增强肠道反应引起不适；头孢氨苄要空腹喝；多西环素可与食品、牛奶或含碳酸盐饮料同服；米诺环素可与食品、牛奶或含碳酸盐饮料同服；克拉霉素可空腹服用；诺氟沙星要空腹服用并大量饮水；左氧氟沙星等喹诺酮类药物要饭后服用，多饮水，同时避免日光，防止发生光敏反应；利福平要空腹顿服；磺胺类药要大量饮水。

（五）慎用保健药、减肥药

一般情况下，大部分人对药品的服用还是很谨慎的，但是对于保健品，就觉得像食品一样，无论怎么吃都不过分。但其实保健品中的营养物质我们可以从食品中获得，所以消费者还是要理性地对待保健品，不要将其神化。消费者在生病时是要对症下药，不要只服用保健品。有些营养素可以排出体外，有些会储藏在体内，如果不对症、不把握好用量，会影响身体机能的正常运转。

此外，在青年学生逐渐走向社会的大学阶段，对于自己身材的保持也更加注意，因此大学校园中服用减肥药的人群比例相对较多。但是有些减肥药，为了达到快速减肥的效果，违法添加违禁产品，如西布曲明、奥利司他等。还有一些产品中添加了氯胺酮，致使减肥者成瘾。这些不合格的减肥产品会造成“肾衰竭”“心脏损伤”等生理机能的破坏。

很多减肥药品是通过抑制食欲清肠排泄来起到减肥效果的，但是这类减肥产品往往会产生一些不良的身体反应，如失眠、头晕、心动过速、血压升高、心律失常等，长期服用这类减肥药品会导致内分泌紊乱，甚至引起骨质疏松。一些少女体重低于正常水平还盲目减肥，这导致他们骨骼十分不健康，甚至健康水平低于老年人。

因此，盲目滥用减肥药、保健药往往对身体造成不可逆危害，保健药和减肥药并非不可食用，但是一定要在正规医院和医生的指导下，根据自己的状况，选择正确安全的药物或保健方式达到保健和减重的目的。

第三节　自然灾害预防及应急处置

一、地　震

（一）认识地震

地震是地球板块运动过程中，地壳快速释放能量并产生地震波的现象。地球上板块与板块之间相互挤压碰撞产生错动和破裂，从而引发地震。

地震开始发生的地点称为震源，震源正上方的地面称为震中。破坏性地震的地面振动最剧烈处称为极震区，震中所在的地区往往是极震区。较大的地震往往会造成严重的人员伤亡，还会引起山体滑坡、泥石流等次生灾害。

据数据显示，地球上每年约发生 500 多万次地震。其中绝大多数都太小或太远，以至于人们感觉不到；能给人类造成严重危害的地震每年大约有 10 ~ 20 次；能造成特别严重灾害的地震每年大约有 1 ~ 2 次。微小的地震，只有地震仪才能记录下来，不同的地震仪能记录不同强度的地震。

依据当前的科技水平来看，预测地震是一件很难做到的事。我们能做的只能是做好防御措施，安排好震后救助与重建措施，以及提高人们的防震意识。

（二）地震发生的自救常识

发生地震时，如果在平房里，要尽快作出判断，如果时机合适，要尽快跑出房屋；如果时机不对，要迅速钻到桌椅下面，用被褥护住头部，等遇到合适的时机，再离开房屋。如果房屋出现倒塌的情况，要躲在桌椅下不要动，积极等待救援。

如果发生地震时在楼房中，不要试图跑出楼外，更不要跳楼。最安全、最有效的办法是：及时躲到较小的房间，如卫生间、厨房等。也可以躲在墙角或者桌椅下面，一定要注意保护头部。

如果发生地震时正在上课，不要慌乱，更不要争相跑出门外，应该让前排的同学先走，后排同学躲在桌椅下面，用手或者书包保护头部。靠墙的同学可以躲在墙角。不要放弃自己，要积极等待救援。

如果已经跑出房间，不要地震一停止就立即回屋取东西，因为第一次地震发生之后紧接着会有余震，这时回屋会很危险。

如果地震时正在街上，要跑到空旷的地方去，不要躲进建筑物里，不要在狭窄的街道、桥梁上停留。

如果地震后被埋在建筑物中，要注意保存体力，努力寻找食物和水，及时把压在自己身上的物体清除掉，同时用衣服捂住口鼻，以防烟尘造成窒息。

各高校要在平时开展对学生的地震灾害预警演习，保证学生在逃生过程中安全有序疏散撤离。减少不必要的次生伤害。

二、洪　水

（一）认识洪水灾害

洪水是由暴雨等自然现象引起的江河湖海水位急剧上升的现象。

（二）洪水发生的自救常识

如果已被洪水困住，要尽快寻求公安机关的帮助。拨打 110 报警电话，准确报告自己的位置和危险情况。在不了解水情将如何发展时，不要莽撞以防不测，遇到急流时要积极寻找安全地带等待救援。

如果是在城市中遇到洪水，首先要做的是爬上高层建筑避险，然后设法发出救援信号。在等待救援的过程中，要注意收集粗树枝、木盆等漂浮物，以便脱险。据分析显示，人们在洪水中遇难的主要原因有二，一是洪水来势凶猛，人们来不及防备；二是有的人不了解水情的发展就贸然行动。所以我们在遇到洪水时，一定不要冒险涉水，要尽力保证自身安全。

在等待救援的过程中，要选择合适的位置，比如楼顶等地势较高、卫生条件较好的地方。在这个过程中，要把防寒衣物和棉被放在水不能接触到的地方，将贵重物品放在高处或者埋在地下，一些轻便的贵重物品可以缝在衣服上。洪水来临时会导致干净饮用水缺乏，所以要提前用木盆、水桶等工具储备干净的水。准备好医药、取火等物品；保存好通信设备，以便向外界发出求救信号。

如果需要涉水逃生，有下列几条避险求生技巧：

（1）首先要清楚涉水越过水流是很危险的。除非生死攸关，否则千万不可轻易涉水。

（2）涉水前，一定要选好一个着脚点，如果找得到的话，可以先用木棍试探前路，在起步前先扶稳木棍，而且要顺着水流的垂直方向走。

（3）据调查显示，男性的安全涉水深度是 70 厘米、女性是 50 厘米、儿童则只有 30 厘米。如果水深超过这个深度，就不要冒险涉水。

（4）很多人涉水时爱穿高筒靴，但是很多人都没意识到，一旦水位没过高筒靴，高筒靴里就会灌满水，人就无法迈开步伐向前走，从而引起危险。在涉水时正确的做法是穿系鞋带的运动鞋。

（5）如果众人一同涉水，可以手拉着手，一起用牵制力来抵御洪水。

（6）如果众人涉水时遇到急流，冲击力较大，大家可以面向急流站成一排，身体健壮的站在前面，身体较弱的站在后面搂住前面人的腰。

（7）如果自己不幸落水，要尽力抓住身边漂浮物，如树枝、木桶等。及时躲避电线等可能造成危险的物体。

（8）不要开车涉水，因为如果水位急速上涨，汽车会熄火无法启动，人员就会被困在车里出不来，这时就只能破窗而逃。

三、滑坡、泥石流

（一）认识滑坡、泥石流

斜坡岩土体沿着贯通的剪切破坏面发生滑移就是我们常说的滑坡。滑坡是一种地质灾害，会给人们的生命财产安全造成极大威胁。在乡村，滑坡常常导致农田和村社的毁坏；在城镇，滑坡常常会导致房屋和工厂的破坏。

泥石流是指在山区等地势崎岖的地区发生的、由极端天气引起的自然灾害，发生时洪流携带大量泥沙冲刷而下，流速极快，破坏力极强。泥石流常常会给工农业生产造成极大破坏。

（二）滑坡和泥石流的预防及自救常识

滑坡和泥石流山体灾害多发生于大学生返乡、外出旅游、社会实习实践的过程中，掌握必要的野外应急自救常识是十分必要的。

1. 前期预防

（1）在攀登过程中，远离危岩，尽量选择安全的地点进行休息。

（2）出游时要关注当地的天气，避免极端天气出游。

（3）选择合适的地形和位置扎营，不要选择地势低、有大量堆积物的地方，也不要选择在河谷处。

2. 危机救助

（1）遇到泥石流后，要马上离开泥石流的滑道，向两侧逃离。马上向垂直于其流向的高处跑，越快越好。千万不要顺着泥石流的方向往下跑。

（2）驾车者应迅速离开有斜坡的路段。

（3）注意天气和环境的变化，如果听到远处传来打雷一般的声响，要立即跑到相对安全的地方。如果遇到大雨，注意不要在河谷或者山坡下避雨。

（4）发现可能发生泥石流时，要向沟谷两侧高地跑。千万不要沿着沟向上或向下奔跑。不要躲在山坡下面。不要停留在地势低的地方，也不要爬到树上。

（5）发生泥石流也不要惊慌，可以找一块坚硬的大岩石，蹲在下面，从山上滚下来的碎石就会被它挡住，人员就不会被砸伤。或者跑到树木茂盛的地方，碎石滚落遇树速度就会降低，伤害也随之减小。

（6）如果不幸遇难，也不要慌乱，尽量不要乱动以防自己受到二次伤害。不要急躁和绝望，不要盲目哭喊，可以敲击石头或其他能够发出声响的东西发出求救信号。尽量节省自己的体力，控制好自己的情绪，平缓地等待救援。

（7）遇到因遭受泥石流、滑坡而受伤的人，要快速救援，先把他受伤的部位固定，不要晃动，然后设法进行包扎，防止流血过多。

四、台风和龙卷风

（一）认识台风、龙卷风

风作为一种自然现象对人类的生产生活产生了极大的影响。一方面，风可以用来发电、制冷等，方便人们生活。另一方面，它也会给人类造成巨大灾难。因此，我们要学习关于风的基本知识，掌握风灾防护的基本技能。

台风，是一种特别猛烈的风，风力极强，主要发生在夏秋两季。

龙卷风是一种旋风，虽然范围不大，但是风力极强。这种风破坏力特别大，在陆地上，能毁坏各种建筑物；在海洋上，可以把海水吸到空中，形成水柱。

（二）龙卷风的紧急应对策略

1. 野外躲避

当你身处野外，听到巨大沉闷的呼啸声时，要立即躲避。这声音“类似火车头或汽船的叫声”。龙卷风一般不会突然调转方向，所以在遇到龙卷风时，要向与它方向相反的地方跑。

2. 室内躲避

当龙卷风侵袭住房时，要适当打开一些窗，躲到东北方向的小房间如卫生间或者密室等，因为西南方向的内墙容易内塌。对于一些活动房等危险的房屋，不要在屋内躲避，要及时跑出来，并向龙卷风相反的方向撤离。

3. 乘车躲避

如果发生龙卷风时在驾车或者乘车，一定要下车逃跑，不要躲在车里，以防车辆爆炸或者被卷走。

（三）台风的紧急应对策略

（1）紧急事故可打110报警电话寻求警方的帮助。
（2）处于地势较低处时，应跑向高处。
（3）准备好食物和饮用水。
（4）不可贸然外出，以免受伤。
（5）加固门窗，取下悬吊物。
（6）清扫排水管道。
（7）将屋外的物品移至安全场所。
（8）断落的电线不要私自处理，要请专业人士处理。

五、雷　击

雷击，指打雷时电流对人、畜、建筑物造成伤害的现象。

（一）雷击灾害的预防

1. 室外雷击灾害预防

（1）总体原则：尽量降低自己的位置，防止直接雷击的发生。

（2）遇到雷电交加的天气状况时，如果感觉皮肤刺痛，则是雷电将至，此时应当马上躲起来。

（3）要远离高大的树木、楼房。如果来不及离开，就在脚下放一些干燥的绝缘体，身体下蹲，双脚并拢。双手千万不要放在地面上。

（4）远离铁栏及其他金属物体。并非直接的电击才足以致命。电光使空气急剧膨胀，就会产生冲击波，冲击波会发出声音，即我们听到的雷声。如果在近处听到雷声，强大冲击波就会对人体造成损害。

（5）如果身在空旷地带遭遇雷雨天气，要立即蹲下，减少被雷击中的风险。

（6）远离树木、草棚这些容易被雷击的物体。

（7）雷雨天气不要站在建建筑物顶部，尤其是没有安装避雷针的高层建筑。

（8）正在驾车，应留在车内。汽车是很好的避雷地，即使汽车被雷击中，也不会伤害到人。但是雷雨天气就不要骑自行车、摩托车了。

（9）雷雨天气时，要把室内的电源插头拔掉。要远离电线，同时避开暖气管道等金属物，以防雷电电流侵入。此外，人员间的间距要大一点，以防不测。如在户外，选择穿橡胶底的鞋是一个很不错的防雷措施。

2. 如何预防室内雷击的方法

（1）打雷时，一定要关好门窗，同时远离与外界相连的电线和金属管道。

（2）不要拨打、接听电话，要关闭电源，最好电源线上安装避雷器并做好接地。

（3）不要用太阳能热水器洗澡。

（二）雷击灾害的应急处置

出现雷击昏倒而进入“假死”状态，可采取如下救护方法：

（1）进行口对口人工呼吸。越早对伤者进行人工呼吸，伤者的恢复越好。要尽可能地在4分钟内对伤者进行心肺复苏。

（2）拨打120急救电话，寻求医生的帮助。如果是一群人同时遭受雷击，要先抢救伤情严重的人员。

（3）如果被雷击后衣服着火，要迅速让伤者躺下，可以用翻滚的方式灭火，也可以往伤者身上泼水，或者用厚重的衣物裹住伤者，熄灭火焰。

（4）如果触电者昏迷，应把他安置成卧式，使他保持温暖、舒适，并立即施行触电急救、人工呼吸。

（5）雷电事故发生时，应当及时向当地气象主管机构报告。

六、冰雪灾害

冰雪灾害是由冰川、积雪或降雪引起的灾害。冰雪灾害主要对交通运输、电力设备的损伤比较大。冰雪灾害自救的方法有：

（1）尽量待在室内，不要外出。

（2）如果身处室外，要注意观察，要远离树木、活动房等可能砸伤自己的物体。

（3）非机动车可以给轮胎放一些气，以增加摩擦，防止滑倒。在行驶过程中注意车距保持，以免发生追尾事故和急刹车造成的侧翻事故。

（4）关注天气变化，根据天气预报安排出行计划。

（5）如果发生断电，要及时报告相关电力部门。

第四节　财产损失及预防

一、校园偷盗

校园偷盗是在校园里经常发生的违法犯罪行为，大部分高校案件都是盗窃案件。所以作为学生必须提高警惕，培养自身防盗意识，加强自身防盗能力，掌握预防校园偷盗的技能。

（一）常见的校园偷盗类型

1. 踩点型偷盗

采用踩点型犯罪手段的犯罪分子通常是校外人员，他们一般会先摸清情况，如时间、地点、治安状况，并以找人为借口打探虚实，了解入住人员作息规律，在掌握较多信息后，伺机就下手。

2. 流窜型偷盗

有些犯罪分子事先并不进行“踩点”，而是直接以找人、借东西为借口，如发现难以下手就找借口脱身，如果有机会，就立即下手行窃。

3. 顺手牵羊型偷盗

犯罪分子时常在目标地点徘徊，遇到车、门未锁等情况，立即行窃，将财物占为己有。

4. 声东击西型偷盗

犯罪分子故意以虚假事由、信息诱骗同学离开宿舍、教室等，然后趁学生不在时，入室行窃。

5. 浑水摸鱼型偷盗

在学校组织大型活动或宿舍聚众较多时候，趁乱就地取“财”，进行盗窃。

6. 引狼入室型偷盗

学校同学与校外人员狼狈为奸，利用学生对同学和校园的熟悉状况，里应外合，团伙作案，实施盗窃。

7. 简单粗暴型偷盗

不法分子利用学生上课等不在寝室的空档，直接撬门进行盗窃。

（二）常见的校园偷盗规律

1. 校园偷盗易发生的时间规律

（1）开学初及放假前。开学初学生从家返校后，一般会随身携带大量的现金，而且防范意识很弱。尤其是新生，对校园内的情况还不熟悉，一般不会有较强的防范意识。此外，期末考试阶段，学生作息较为零散，都在积极备考，宿舍秩序相对混乱，部分同学急于回家，门窗没有完全闭合，极易使作案人员乘虚而入。

（2）上课期间。学生大多在上课或者自习，都会把贵重物品放在寝室，没有人看管。作案人员佯装学生，利用找人等幌子，进入寝室作案。

（3）放假期间。假期宿舍内无人居住，犯罪分子很容易撬门盗窃。

（4）新生军训期间。宿舍长期无人居住，容易被盗。

（5）夏秋时节。由于天气炎热，学生们都喜欢开窗通风。容易发生乘虚而入的偷盗案件。

2. 校园偷盗的常见地点

校园偷盗的作案地点集中在宿舍、教室、食堂、图书馆等人比较多的地方。其共同特点是，无人在场或即便有人在场，学生也处于无警戒状态，易激发犯罪分子的偷盗欲望。

3. 校园偷盗的常见目标

校园偷盗的作案目标是现金、手机、首饰等贵重财物。现金因便于转移和藏匿，是作案人员优先选择的目标。随着无现金时代的到来，近年来主要失窃物品也由现金转为手机、电脑等电子设备。这类物品价值高、易于变现、方便携带。

（三）预防偷盗的常识

（1）贵重的物品要妥善保管，尽量锁起来。寝室没人的时候一定要锁好门窗。

（2）不要随身携带大量现金，尽量存进银行，银行卡和身份证要分开存放，银行卡密码不要告知他人。

（3）不要随意与外来人员交流，要提高防范意识。

（4）购买正规锁具，防止被轻易捅撬。

（5）不要把手机等贵重物品放在教室内，课间休息时也要随身携带，以免被盗。

（6）去图书馆或教室上课不要用书包占座，使用书包占座就不要在书包里面放手机等贵重物品。

（7）在宿舍，如果是同学们都出去上课的时间，要对进出人员加以注意，必要时要进行检查。课间休息等进出人员较多的时候，要留心可疑人员的出入。

（8）出门时一定要随手关门、锁门，宿舍内不要留宿外人。注意保管好自己的钥匙，不要在钥匙上随意做标记，不要随便将钥匙借予他人。

二、抢夺及抢劫

大学生涉世未深，缺乏社会经验，所以往往成为犯罪分子抢夺或抢劫的对象。犯罪分子利用大学生不敢反抗的心理，使用暴力、胁迫等手段，非法侵占大学生的财产。抢夺和抢劫的发生，往往会引发凶杀、强奸等恶性案件。抢夺和抢劫严重危害了大学生的生活和学习，是影响极为恶劣的犯罪。

（一）抢夺、抢劫事件的特点

（1）时间上，作案时间大多为夜晚或清晨。这一时段马路上人流量小，光线昏暗，呼救很难被及时发现，犯罪分子逃逸相当方便。

（2）犯罪手段上，带有一定暴力性质的新型手段盛行。犯罪分子在实施犯罪时，往往会携带管制刀具以恐吓、威胁甚至伤害被害人。同时，多种新型抢劫手段盛行，如穿着警察、军人、医生的服装进行抢劫，借网友见面的名义抢劫等。

（3）转化性比较强。部分抢劫案件，犯罪分子本来打算实施的是盗窃、抢夺，但是由于被害人的反抗或者为了逃避法律的制裁而对被害人施加暴力，从而将盗窃、抢夺案件转换成了抢劫案件。

（4）公共场所是抢劫案件的高发地带。银行、商店、交通要道等地，由于流动性大、行人精力分散、防范意识较弱，多为犯罪分子作案选择的地点。而发生在偏僻地区的抢劫事件大部分都是转化型抢劫。

（二）抢劫事件的应急处置

（1）遇到抢劫时，要学会应变。要选择合适的时机进行抵抗，在对方人多势众、持有武器时，应牺牲财产，不要奋力抵抗。

（2）与犯罪分子尽量纠缠。要利用身边一切能够利用的资源进行自卫，必要时大声呼救，给犯罪分子以心理上的攻击。

（3）遇到抢劫，要尽可能大声呼救，或故意高声与犯罪分子交谈以吸引路人的注意。

（4）注意观察犯罪分子的体貌特征、作案工具、逃跑方向等，及时拨打 110 报警或向公安机关报案。

（三）抢夺事件的预防

（1）尽量不要单独出行，出行时要选择合适的时间，最好不要在晚上出行，出行的地点和路线不要选择偏僻处。

（2）不要炫耀自己的现金或者贵重物品，外出时不要太过于招摇，要低调，以免吸引不法分子实施犯罪。

（3）骑自行车出行时不要将包放在车筐里，尽量背在身上或把背包带挂在车把上然后放在车筐里。

（4）发现有人尾随自己，不要紧张和害怕，应走到人多的地方，寻求路人的帮助，必要时拨打 110 报警。

三、诈 骗

（一）校园诈骗案的常见类型及应对措施

（1）电话、短信诈骗。这是最常见的诈骗手段之一。犯罪分子以中奖、欠费、个人信息泄露为借口套取银行卡信息，甚至诱骗受害者主动汇款。

（2）传销。传销组织经常以“招聘”的名义，诱骗大学生加入传销组织。大学生涉世未深，没什么社会经验，而且大学生比普通人群更加“有利可图”，更容易集结钱财，因此往往成为传销组织的首选。

（3）校园贷和网络刷单行为。校园贷一般有两种形式：一是针对女生的裸贷、小额贷款；二是随借随还以及发展下线，拉人借款。网络刷单则是同时扮演了受骗者和施骗者的双重身份。

（4）以“遇困”老乡的身份诈骗或者以“遇困”大学生的身份诈骗，主要是博取受害者的同情然后诈骗钱财。

（5）以谈恋爱的名义进行诈骗。诈骗分子所选择的对象多为女学生。诈骗分子骗财骗色，给女大学生的心理和生理都会造成严重的损害。

（6）以代购低价物品为借口诈骗，推销伪劣产品及消费卡进行诈骗。针对大学生虚荣攀比的心态，并利用大学生经济大多不宽裕却又想占便宜的心理进行诈骗。

（7）通过介绍勤工助学诈骗，以及借口帮助落实工作单位诈骗。或者以资助家庭经济困难学生为由进行诈骗。诈骗分子一般会利用学生防范意识较差的弱点，冒充慈善机构或者其他机关单位，诱骗学生说出自己的银行卡信息，从而骗取财物。

（8）网络诈骗。诈骗分子设置“钓鱼网站”，以购物、购车票、购机票等名义，盗取受害人网银账号诈骗。诈骗分子盗取他人 QQ 号码，与被盗者的亲友取得联系，骗取亲友的信任，然后以急需用钱为由骗取财物。

（二）学生易成为诈骗受害群体的原因

（1）防范意识较弱。如今的大学生从小就在父母的保护下长大，很少看到这个社会的阴暗面，对这个社会的理解比较单纯，思想理想化。在面对不法分子的诱骗时，无法作出理性的判断。这就告诉我们，学生的日常教育工作水平有待提高，教育学生不应该只看学习成绩，还要培养自身的综合素质；教育学生既要有情怀有理想，又要有面对现实的能力和勇气；教育学生要加强防范意识，注重保护自己。

（2）缺乏社会经验，在社会实践和人际交往过程中容易不辨是非。大学生从小就在学校接受教育，很少在社会实践中锻炼自己，所以他们在为人处世时往往比较单纯，识人辨人能力不强，容易被骗。而且在遇到诈骗分子时，大学生很难识别他们的伎俩，很容易相信诈骗分子。所以大学生遇人遇事都要理智冷静，而不是头一热就担惊受怕，反而容易落入犯罪分子的圈套。

（3）在对大学生的教育过程中，学校和家庭忽视了安全教育。一般而言，青年学生在进入社会前，主要活动范围就是家庭和学校之间，对社会缺乏直接和客观的认知，一旦遇到犯罪分子"高明"的骗术，学生往往难以应对。因此学校和家庭都应在给学生创造安全的学习生活环境的同时，加强安全知识教育，让学生提高防范意识，掌握安全技能。同时注重培养学生正确的价值观念和良好的思想道德品质。

（三）受骗后的紧急应对策略

（1）如果诈骗事件发生在校内，要及时向学校保卫处和老师汇报；如果诈骗事件发生在校园外，要及时报警。

（2）及时报警。不要因为害怕自己的隐私被泄露会丢脸等原因就放弃维护自己的权益，骗子往往会抓住受害人的这一心理继续进行犯罪行为。

（3）保留相关证据如网络截图等信息。积极协助公安破案，最大程度锁定犯罪分子，挽回个人损失。

第四章　大学生心理健康安全管理

第一节　心理健康与心理危机

一、心理健康

“心理健康”是一个融合多重领域的综合概念，涉及医学现象、心理现象和社会现象等多个领域。第三届国际卫生大会把心理健康定义为身体、智能及情感上与他人的心理健康不相矛盾。日本心理专家高木四郎认为心理健康是以人的心理方面为对象，预防各种心理疾病的出现，从而以增进心理的健康为目的的科学研究与实践。

随着研究的不断深入，人们开始从积极的方面研究心理健康。研究对象也不仅限于精神患者，也包括成熟的、正常的成人。积极心理学强调人性的优点和价值，提倡以主动预防为主，更多地关注人们的积极品质，使用激励性的方式应对心理问题。马斯洛认为，心理健康是个体高级别的追求，可以帮助人发挥天性，实现自我。

20 世纪 60 年代，国内对于心理学的研究开始起步，稍晚于西方国家，至今研究从未间断。其中，张春兴和杨国枢提出心理健康是由客观因素和主观因素两部分组成，具体的标准有四条，包括：了解并接受自己，认识并面对现实，工作休闲并重，主动参与社会活动。桑志芹等在对前人大学生心理健康标准文献进行回顾、分析的基础上，采用抽样调查、因素分析、专家评定等方法，归纳出大学生心理健康的五个标准：① 基本心理能力；② 内外协调适应；③ 情绪情感稳定；④ 角色功能协调；⑤ 良好的学习能力。

二、心理危机

目前人们对心理危机的概念并无定论，甚至在一些学术研究、新闻报道中出现对心理危机概念的曲解，对于实践误导极大，因此，正确理解心理危机概念，准确界定心理危机内涵，对于理论研究与社会实践十分重要。

（一）“危机”阐释

准确界定大学生心理危机的前提是应正确认识什么是危机。《现代汉语大词典》关于“危机”的解释是指：① 危险的祸根；② 严重困难的关头。“危机”一词有两层含义：一是危险的祸根，是并未明确显现的、潜在的危险，这种危险是可能引起祸事的根源；

二是严重困难的关头，是起决定作用的严重困难时机或转折点。现代社会“危机”一词被广泛应用，用来表示潜在危险或严重困难的关头，如“经济危机”“政治危机”“生态危机”“信任危机”等。其中心理危机是危机的一种，是与人类主体心理相关的危机，是可能带来祸事或灾难的潜在危险或紧要关头。

（二）“心理危机”阐释

我国对于心理危机的概念界定，大多引用美国心理学家 G. Caplan 的概念。1998 年，我国心理学家龙迪首次引用 G. Caplan 对于心理危机的概念，认为当一个人面对困难情境，而他先前处理问题的方式及其惯常的支持系统不足以应对眼前的处境，即他必须面对的困难情境超过了他的能力时，这个人就会产生暂时的心理困扰，这种暂时性的心理失衡状态就是心理危机。曾庆娣认为几乎每一个关于心理危机的概念界定都是引用 G. Caplan 的观点。G. Caplan 关于心理危机概念的阐释包含以下层面：第一，明确了困难的情境是一个人心理危机产生的原因；第二，这种情境是某人当前无法应对的困境；第三，明确了困难情境使人产生心理困扰而不是其他困扰，因此形成的危机是心理危机而不是其他危机；第四，这种心理困扰是一种心理失衡的状态，而不是其他心理状态，这种失衡状态是暂时性的，随着发展可能消失，也可能进一步恶化。

第二节　大学生心理危机

大学生是充满青春朝气的一代，他们的生理、心理也逐渐趋向成熟。但由于受到人际关系纠纷、经济条件拮据、失恋、学业受挫等因素的影响，大学生常常会出现一些心理危机。

【案例 1】　2013 年 4 月，复旦大学医学院研究生黄某遭他人投毒后死亡。经警方初步调查，起因为同寝室的林某因生活琐事与黄某不和，心存不满，经事先预谋，3 月 31 日中午，林某将其在实验后剩余并存放在实验室内的剧毒化合物带至寝室，注入饮水机水槽，导致黄某饮水后中毒身亡。

【案例 2】　2013 年 4 月，山东大学一名大三学生被发现在宿舍楼内轻生。虽经抢救，这名 22 岁的大学生最终还是离开了人世。关于这名大学生的轻生原因，有说法是因为失恋。不过对此说法，轻生者的父亲给予了否认，他怀疑孩子的自杀与因挂科太多而受到来自学校方面的压力有关系。

很显然，上述两个案例给我们介绍的是大学生在日常的学习和生活中因为一些小事而造成的恶性事件，但诸如此类的案例绝非个案。校园投毒事件、暴力事件、自杀事件的发生，让我们不寒而栗。究竟是什么导致了这些行为的发生？是什么使得具有丰富科学知识的大学生对自我乃至对他人的生命如此漠视？什么是心理危机？心理危机的突出表现是什么？类似事件所带来的恶劣影响是否都是大学生心理危机的表现呢？

一、大学生的心理特点

从大学生整体心理发展的轨迹来看，他们正处在迅速走向成熟但又未完全成熟的分界线上，这可以从他们的各种心理活动中加以判断。而正是由于这种尚未成熟的心理活动，使他们形成了不同于中学生和一般社会青年心理发展的基本特点。

（一）自我意识增强，但不成熟

从一般意义上讲，自我意识就是个体对自身各种身心状态以及对自我与周围环境关系的了解和体验的愿望。自我意识的心理过程主要表现在认识、情感、意志三个方面，即自我认识、自我体验和自我控制。在人的心理发展过程中，自我意识发挥着举足轻重的作用，其水平的高低是体现一个人心理发展成熟与否的标志。

大学生自我意识的增强主要体现为以下几个方面：

（1）在日常生活中更注重打扮自己，更在意别人对自己外形的看法。

（2）自我控制能力增强，学会在不断变化的社会环境中调解自身的心理状态以更好地适应，有一定的自制力。

（3）自尊心增强，对荣誉更加渴求，也逐渐学会承担一定的责任。

（4）有强烈的竞争意识和危机意识。

但同时需要注意的是，在自我意识的发展过程中，有些大学生也会出现一些偏差，如自傲、自卑、盲目自信、缺乏自控等。如果不及时处理这些心理上的偏差，将会导致不同程度心理问题的出现，甚至危害自身或者他人的生命。

【案例 3】 来自山区的女生张某，家境十分贫困。正是如此的生活环境导致了张某独立自强的性格。不管是学习还是生活上，张某都事事要强，同学们对她施以援手时都被她拒绝。本来同学之间的互相帮助很正常，但她认为那是别人对她同情的“施舍”，让她觉得很没面子。因此她坚持特立独行，不接受任何同学的帮助，因此跟同学的人际关系很糟糕。一旦她做得不如别人好，她就会认为别人会在背后议论她、笑话她。她总认为大家因为她是“农村人”而瞧不起她。

案例中张某存在的问题就是典型的自卑心理，自卑心理不仅让她经常处于一种不良情绪状态，也严重影响了她的人际关系，从而打乱了她正常的学习和生活。

（二）情感情绪丰富，但不稳定

情感情绪是人类对其需要是否能得到满足而产生的内心体会的一种特殊反应，是大脑皮层与皮下中枢协同活动的结果。处于青春期的大学生，由于内分泌发展与大脑皮层之间的矛盾性，形成了情绪情感丰富但不稳定的心理特征，具体表现在以下几个方面：

（1）对待友情更加珍惜，在感情过程中心思缜密。

（2）热情主动，但容易因为情绪的冲动而作出一些不理智的行为，情绪带有明显的两极性。

（3）性意识已经从萌芽到逐渐成熟，渴望拥有像成人一样成熟的爱情。

（三）意志水平提高，但不持续

目前，我国高校招生的数量还不能充分满足社会对高等教育尤其是优质高等教育人才的需要，广大学生及家长都对升入高等学府充满着强烈的期望。在这种情况下，在高考这种“千军万马过独木桥”的阵势中幸运通过并且考入比较好的大学的新生，就往往以“成功者”“胜利者”的姿态出现。她们在父母和亲戚朋友的赞扬和同学的羡慕下，难免会出现情绪飘飘然的状态。但进入大学以后，环境与自身所期望的截然不同。经过一段时间的互相比较，在这个群英荟萃的新集体中，不少学生慢慢发现自己原来在中学时的优势不存在了；以前是中学中的佼佼者，现在却只能在大学中处于中等甚至偏下的状态。在这种情况下，有的学生可能会出现一些负面情绪，个别甚至对上大学失去了信心，因此对待学业也不那么认真，开始旷课、打游戏。从满满的自豪感和优越感转向自卑和焦虑，这种情绪的极差转变对人类，尤其是对情绪不稳定的大学生来说是一道极大的考验。坚强者通常会暗下决心，奋起直追；而软弱者可能就会自暴自弃，进而成为新集体中的落伍者和失败者。

需要强调的是，大学生在不同的学习和生活阶段，自身的心理发展特点是完全不同的。一般来说，大学生的心理发展要经历适应准备阶段、稳定发展阶段和走向成熟阶段。对每一个大学生个体来说，这三个阶段的时间长短是不一样的，适应性比较强的同学进入大学，在很短的时间内就能度过适应准备阶段，进入稳定发展阶段，但对于其他适应能力较差的同学来说却需要更长的时间才能进入稳定发展阶段。另外，在大学生的心理发展过程中，矛盾和冲突是不可避免的。所以我们更要积极地去解决这些矛盾和冲突，在这样的过程中，大学生的心理才能一步一步成熟起来。

二、大学生心理危机的含义及特点

（一）大学生心理危机的含义

在国内关于大学生心理问题的研究中，对于大学生心理危机的含义所涉及的内容很少。在仅有的几个关于大学生心理危机的概念中，比较值得认可的是邵昌玉提到的“大学生心理危机主要是指高校学生运用寻常应付方式不能处理，由于无法克服心理冲突或外部刺激而对所遇到的内外部应激事件所发生的一种反应”。2010 年，高留才也对大学生心理危机作出了一个界定：“所谓大学生心理危机，是指当大学生受到一些突发事件的刺激，或面临巨大困难一时难以克服时而手足无措，或面对的困难情境超过了他解决此类问题的能力时而产生暂时的心理困惑，这种由突发性而演变成的长期心理失衡状态就是心理危机。”劭昌玉的概念认为“大学生心理危机是一种（心理）反应”，与“危机”本身的含义不太符合，需要进一步斟酌。2011 年教育部印发的《普通高等学校学生心理健康教育工作基本建设标准（试行）》（教思政厅〔2011〕1 号）指出：高校应围绕心理健康教育和咨询机构的规范管理、心理危机预防与干预、心理咨询工作流程、心理健康教育课程教学、心理健康教育从业者职业道德规范等内容，建立健全各项规章制度。这是教育部首次在正式文件中提出心理危机预防和干预的概念。该文件是针对高等学校学生心理健康教育制定的专门文件，其中所涉及的“心理危机”专指大学生心理危机。但是文件并没有对大学生心理危机作进一步地解释。为贯彻落实文件精神，进一步做好大学生心理危机预防和干预工作，我们应当进一步准确界定大学生心理危机的概念。

根据前述心理危机的概念，我们对大学生心理危机的概念做出了如下界定：大学生心理危机是指大学生个体或群体的心理能力不足以面对困难情境时产生的，可能对自身、他人或社会造成严重危害的短暂紧急性心理失衡状态。大学生心理危机的这一界定突出了如下几层含义：① 心理危机的主体是大学生，与干部、军人、农民等主体相区别；此外，大学生心理危机主体不仅可能是某一个具体的大学生，还可能是所有大学生这个群体；② 心理承受条件的不足和遭遇困难情况无法及时做出反应是大学生心理危机产生的原因；③ 大学生心理危机如果不能得到有效干预会对自身、他人或社会造成严重的危害；④ 大学生心理危机是危险发生之前的一种紧急状态；⑤ 大学生心理危机表现为大学生心理失衡。

（二）大学生心理危机的特点

卓高生、吴志敏认为：“危机具有复杂性、突发性、紧急性、痛苦性、无助性、危害性等特征。”肖三蓉等认为：“大学生心理危机具有突发性、应激性、痛苦性、危险性、机遇性、时限性等特点。”陈春莲认为：“大学生心理危机的主要特点有：发展性、交互性、易发性、潜在性等。”

根据前述对大学生心理危机的界定，我们认为大学生心理危机具有如下特点：

第一，发展性与存在性并存。当代大学生平均年龄在 20 岁左右，他们在生理上已经完全成熟，或者是近乎完全成熟。但是在心理发展方面却远远没有达到真正的成熟。大学生生理和心理发展的不一致，亦即身心发展不平衡是大学生心理危机的主要原因。此外，大学生在心理发展中的自我意识逐步增强，希望他人能够将自己与普通的成年人一视同仁。而社会对待大学生的态度也几乎是以生理条件作为标准，视作生理成熟的大学生就是一个完全成熟的人。然而这却超出了大学生的心理实际状况，在不知不觉中给大学生造成了严重的心理压力甚至形成心理问题，进而引发心理危机。大学生在生理与心理发展中的不平衡，社会发展要求与大学生心理发展实际水平之间的矛盾造成的大学生心理危机，体现出大学生心理危机的发展性特点。大学生正处在世界观、人生观、价值观形成的关键时期，随着大学生自我意识的觉醒，一些关于大学生人生价值的关键性问题的思考，如人生目的、意义、价值、责任等认识，在这种不平衡的状态之下，往往导致个人内心的冲突和焦虑。大学生在自我认识和追寻生活意义过程中会出现许多的心理矛盾，如果这些矛盾不能得到化解，就可能出现心理危机。这说明大学生心理危机具有存在性特点。

第二，潜在性与突发性并存。大学生心理危机在爆发之前，往往有一个较长的隐蔽期。在这个时期内，大学生心理出现一定程度的问题，但是并不会通过行动上表现出来。随着时间的推移，心理问题逐步累积，有的开始一定程度地影响到行为，但是也属于比较轻微的状态。随着心理问题的不断加剧，形成大学生心理危机的各种环境条件不断聚集，造成大学生心理危机的发事件不断出现等，使得大学生心理危机问题最终显现在大众的眼前。从出现心理问题，到心理危机的最终爆发之间的这个较长的潜伏期，表现出大学生心理危机的潜在性。通常来讲，这一时期是尤其需要关注的。如果心理问题能早发现、早干预，将其消除在萌芽状态，就能避免大学生心理问题的不断升级，避免心理危机的最终爆发。大学生心理问题的隐蔽性和潜在性特点，致使大学生心理危机不容易被发现，一旦心理危机爆发的条件具备，就迅速表现出危害性。因此，大学生心理危机给人的感觉总是突发性的危及。但是我们在看到大学生心理危机突发性的同时，一定要重视其潜在性特点。

第三，危害性与机遇性并存。大学生心理危机的发生具有一定的危害性，会带来严重的后果。这些严重的后果主要表现为自残或者自杀、致伤或者致死他人、破坏社会公共系统、群体性事件等。当前对大学生心理危机的研究也着重关注在自杀或者致死他人的危害方面，而对大学生心理危机破坏社会公共系统和带来群体性危险的事件上关注甚少。事实上，大学生心理危机对社会公共系统的危害性是不可忽视的。它所带来的对社会公共系统的危害性甚至有越来越严重的趋势。比如大学生攻击破坏公共网络系统、公共安全系统、公共交通系统等事件屡有发生，其中大学生心理危机造成的破坏是一种主要的原因。大学生心理危机虽然具有潜在性和隐蔽性特点，但是通过一定的方法和手段是能够及时关注到的。当认识和把握到危机出现之后，我们可以采取有效的措施对其加以防范。把握机遇，正确、及时和有效的干预，常常能使大学生心理危机得到有效化解，而不至于形成危害性后果。如果不能进行及时有效的干预，大学生心理危机就会造成严重的个人危害和社会危害。因此对于大学生心理危机应当把握机遇，防止危害事件的发生和蔓延。

三、大学生心理类型及成因分析

（一）大学生心理危机的类型

心理危机是指妨碍个体正常行为和活动效率的一种紧张、焦虑、沮丧、失意的心理状态。高校的大学生，传统意义上的“天之骄子”，虽然有着丰厚的知识背景，但是却像象牙塔里面被困住的人一样，有各种各样的需求；当他们的需求得不到充分满足的时候，他们的内心就会出现一些心理波动，从而引起或大或小的心理冲突；当挫折与冲突超出他们的心理承受能力时，就很容易造成心理失衡，严重的会导致心理障碍的产生。无论是自身内在因素或外在环境因素所造成的心理障碍，都将给个体构成一种情绪上的打击或威胁，从而影响个体积极性与主动性的发挥，严重时还有可能导致个体行为失调，甚至会诱发心理上或生理上的疾病。一般来说，大学生心理问题可以分为以下几种情形：

1. 焦　虑

焦虑是一种情绪反应，是个体对当前或预感到的挫折产生的一种紧张、忧虑、不安并且兼有恐惧性的消极情绪状态。它包括自尊心与自信心的丧失、失败感与罪疚感的增加等。

工作、学习、生活和人际交往方面所遇到的挫折是青年学生产生焦虑的主要原因。例如，有的大学生在中学学习时名列前茅，进入大学校园后，发现身边同学的学习都和自己一样优秀甚至超越自己，导致自己昔日的优势不复存在，但自身的自尊心和好胜心并未得到满足，从而导致挫折感的产生，产生情感上的失落，引发心理问题；还有的情况是，有的大学生入学后，放松了学习，因为对爱情的渴求，而把大部分时间都放到对异性的追求上。当他们把过多的情感投到某人身上，而又不能得到对方的回应时，就会产生一种失落感，从而陷入单相思或失恋的痛苦之中，进而导致情绪低落。以上种种情况皆会造成青年学生焦虑，而过度或过于持久的焦虑会损伤他们正常的心理活动，导致心理疾病的产生，如焦虑症、神经衰弱等，从而严重地影响青年学生的正常生活和学习。

2. 冷　漠

冷漠是个体遇到挫折后，对付焦虑的一种防御手段。它包括缺乏积极的认识动机、活动意向减退、情感淡漠、情绪低落、意志衰退、思维停滞等。在生活中，当一个人不断地面临他没有能力去战胜的困难与挫折时，刚开始他可能是试图去解决他，但是到后来他就会放弃去努力解决的想法，表现出漠不关心，以此来保护自己。这时的他们认为逃避可能就是解决问题的最好方法。因而，从某种意义上说，冷漠是一种奇特的状态，是一种人们防卫打击以免使自己受到实质性伤害的方式。这种状态持续时间愈久，冷漠愈会迁延下去，渗入自身的其他行为中，并最终发展成为一种不健康的性格。具有这种性格的人，缺乏进取精神，对任何事都不感兴趣，表现出一种随波逐流、无所事事的状态。

美国心理学家罗洛·梅强调：“冷漠之所以特别值得重视，是因为它和爱与意志有密切的关系。恨并不是爱的对立面，冷漠才是爱的对立面。同样，意志的对立面也并非犹豫，而是不介入、脱离和不与有意义的事件发生关系。”她还指出：“冷漠乃是情感的萎缩，它开始可能表现为虚与委蛇，表现为不关切与不动心的旁观。”这一点在《中国青年报》记者李杰、李志强所写的《北京大学新生印象记》中得到了充分说明。文章写道：“一上午，我们串了十余间新生宿舍。每个新生自己的铺位都收拾得干干净净，但是公用桌上、房间地上、尚未报到的新生桌上，皆是尘土，原样未动。也许，老师要是说一声：'大家帮着打扫打扫'，新生们不会无动于衷。可自觉维护集体利益的意识尚很淡薄。然而，这却是保持集体团结和谐的重要之处。"导致部分青年学生情感冷漠的原因是很多的。当青年学生开始独立探讨生活意义的时候，学校却未能提供引发学生兴趣的积极讨论的热烈氛围。这确实是一个很重要的原因。美国《密执安日报》的学生专栏作家曾撰文指出："至少对于大多数青年学生而言，学校已不能给予任何接近他们知识口味的教诲。他们认为目前的趋势正滑向比平庸更坏的方面，这就是彻底的冷漠，一种甚至对生命本身的冷漠。"另一方面，近年来，学校只重视对学生进行知识和能力的培养，而忽视了对学生进行爱的教育。正如马斯洛所指出的那样："我们必须懂得爱，我们必须能教会爱、创造爱、预测爱。否则，整个世界就会陷入敌意和猜忌之中。"

3. 逆　反

逆反心理是现在大学生心理状态糟糕的一种明显的表现。它是指个体在屡遇挫折时所表现出来的一种与大多数人对立的和常态性质相反的逆向反应的情绪体验和行为倾向。它是一种消极的心理定势，是影响个体接受教育的一种心理障碍。

青年学生在日常生活学习中频频遭遇挫折时，就会对周围的人产生不信任感，进而采用消极的对立的态度来面对周围的事物，有时候还会把周围的人对自己的帮助看成是轻视自己、看不起自己等。在这种情绪状态支配下，学生常常对教师的教诲置之不理，严重时还会把不良情绪迁怒于教师，以不听课、恶作剧、捣乱、不做作业等方式加以报复。当这种报复心理发展到顶峰时，可能会产生对立抵抗情绪，甚至是破坏行为。

造成青年学生逆反心理的原因是多方面的。一是教师不懂得学生心理特点，不能正确地对待他们所犯的错误，处理不当，使矛盾激化；二是青年学生心理状态尚未成熟的特点，容易使他们产生固执偏见，以为逆反与对立是表现自己坚强、勇敢的英雄行为，甚至还有人觉得这样的行为很"帅"；三是当某种事物不符合他们自身的发展想法时，他们就会产生消极与抵触情绪，就会用自己狭隘的个人经验以偏概全，扩大到对一切事物都持有消极的偏见。例如，越是学校、社会倡导的事物，一些青年学生就越是持怀疑甚至是否定态度，表现出与众不同的看法和特立独行的做法。

4. 狭隘与抑郁

狭隘与抑郁都是不良的心理品质，发展程度较轻的可以算作性格上的缺点，但严重情况就可能导致心理病态的产生。

【案例 4】 小林以当地第一名的成绩考入北京某重点高校，第一学期期末，本来满怀信心准备获取奖学金的她却未能如愿。她的情绪从此一落千丈，变得郁郁寡欢，无心学习，也无法处理好与同学的人际关系，还整夜失眠。最后不得不去医院精神科检查，结果经医生诊断是患了抑郁症。

由于大学生思想认识上的不成熟和个性上的不稳定，导致大学生身心发展不平衡，在特定的社会环境和个人生活环境下，大学生的心理容易向消极心理转化，大学生也因此成为心理危机的高发群体。

心胸狭隘表现为：当受到委屈或遭到批评之后，自己在思想上就会想不通，会因为别人的一些不经意的评价或者一些不必要的得失而烦恼，耿耿于怀，不能自拔；遇到事情喜欢去产生猜疑的心理而不是去实际调查，斤斤计较，一天到晚疑神疑鬼，闷闷不乐，苦难不满。抑郁的表现是：孤独寡言，愁眉苦脸，动作迟缓，思想呆滞，对人冷漠、对己悲观，对各种社团活动都不感兴趣，不喜欢去参加集体活动。造成青年学生狭隘与抑郁心理的原因是多方面的，例如，从小在家庭中受到歧视或虐待，在学校受到不公平的待遇，导致自尊心被一次又一次地伤害；在平时的日常生活与学习中单调乏味，思想闭塞，缺乏必要的人际交往；情绪长时间受到压抑，忧伤、苦恼无处发泄，或因身体虚弱而无法做很多事情，抑或者是家庭、个人遭遇重大不幸等，都可能导致青年学生性格上的缺陷，产生狭隘和抑郁这样的心理疾病。

5. 怯懦与自卑

怯懦表现为胆怯和懦弱，自卑表现为对生活和工作上失去进取心和信心。根据怯懦与自卑的不同程度可以表现为一般性的心理状态和心理病态。一般性的特点有：胆子小，信心不足。病态的表现为不愿意与生人接触，不愿意在生人面前说话，一接触就浑身不自在；做事瞻前顾后、畏首畏尾；对自己的能力抱有消极的情绪，认为自己事事不如人；整天情绪低落呆滞；喜欢待在安静的地方独处，孤僻寡言，意志消沉。

造成青年学生怯懦与自卑的原因有在家中娇生惯养，受到过分的溺爱与保护，从而缺乏生活的独立性，一旦遇到困难就想求助父母，而在没有父母帮助的情况下，自己就无所适从；或者由于个人能力较差，在学习和其他活动中遇到的阻碍更多，虽然经过努力但仍是一次又一次的失败，造成自信心和自尊心的一次又一次的打击；或者由于教师、家长不能客观评价学生的学习成果，学生多次遭受训斥和羞辱，有困难不敢讲，和教师与家长保持距离，与同学产生隔阂，进而造成人际关系冷漠等。长期处于这种情绪控制下，会使人变得越来越执拗，不听劝阻，自暴自弃，最终造成性格上的怯懦与自卑。

6. 狂妄与自大

狂妄与自大是对自己的品质和才能给予过高的评价而产生的一种虚狂的心理状态。它具体表现为自以为是，任性逞能，头脑发热，忘乎所以，目中无人；自我评价过高，事事以自我为中心，喜欢在众人面前表现自己，喜欢听到别人夸奖自己，拒绝别人当众的批评和指责；常常重复地陈述和强调自己的观点，听不进别人的意见，即使在事实非常明显的情况下，也不愿意承认自己的错误，要通过强词夺理或推诿于客观原因等方式来为自己自圆其说。

造成部分青年学生性格上狂妄与自大的原因是多方面的。一是家庭过分溺爱、娇惯，导致部分学生长期习惯于支配别人、命令别人，却不懂得怎样与别人合作与交流；二是个人天分较高，学习成绩突出，常常是老师、家长和同学夸奖和表扬的中心，因此在其他人面前有一种“众星捧月”的感觉；三是青年人具有较强的自尊心与好胜心，遇到事情不服输的性格容易造成他们的固执己见、争强好胜。由于这类学生在心理上过分自信，总认为自己处处高人一等，因而严重地影响着他们的心理发展，阻碍着他们接受新的教育。

（二）大学生心理问题的成因分析

1. 生活环境变化带来的心理问题

有的同学往往不能快速地适应变化的环境和条件，使他们本来应该好好享受的美好大学生活变得痛苦不堪不能忍受，甚至产生离校出走等情况。

2. 社会环境的影响

高校通常被人们称为“小社会”，虽然与真正的社会还是有本质上的差别，但是社会的变化必然会影响校园，使身处校园的大学生在心理上受到冲击。社会种种现实、竞争的压力在无形中影响着每一个大学生，从而引发了大学生自我竞争意识的觉醒。主要表现在各种活动中渴望积极主动地显示自身价值的存在，有强烈的表现欲和参与意识。但这对于意志薄弱的学生无疑是一种挑战。当那些不能够很好地展现自身价值的学生遇到各种各样的困境，如择业的失败、评奖的落选等情况而受到挫折时，可能就会产生消极的心理状态，表现出自我怀疑倾向，进而形成严重的心理问题。

3. 家庭环境的影响

家庭对每个人的成长有着巨大的影响作用。一个人对客观现实的认识，往往受到家庭环境的深刻影响。大学生在步入社会之前，很大程度上受家庭环境和父母言谈举止的影响。不同的家庭教育与影响产生的结果，也是截然不同的。例如，有些父母在学习上对孩子严加看管，而对于子女的其他兴趣爱好往往不予支持，经常用命令、指责的方式强迫孩子学习甚至是做不喜欢的事情，这样的孩子成为大学生以后，往往性格上很不独立，不能很快地适应社会多样化的变化。特别是在人际交往过程中，表现得懦弱、自卑、唯唯诺诺，失去了个性和棱角。有些父母对孩子则千依百顺，过分溺爱，使他们不承受任何的挫折、事事保护他们，在这样环境下成长的大学生往往依赖性极强，并且缺乏同情心，遇到挫折便不知所措，缺乏自制能力和自信心。还有些父母干脆对子女行为放任不管，实行“自由放养”政策，这样的大学生因为没有受到良好的家庭教育，常常以自我为中心，不懂得尊重他人，比较任性，很难适应集体生活。还有一些家庭因父母感情不和或者父母离异等原因，造成孩子的性格暴躁、心理压抑，有逆反心理、自卑心强等一系列的不良心理反应。

4. 环境、角色上的变化引起心理不适应

到了大学以后，生活中的每一件事情都需要自己处理，吃饭去食堂排队，衣服脏了自己洗，床要自己铺，生活用品要自己上街买，这些可能以前从没有做过的生活小事现在都需要自己亲自去做。这样的变化使得一些学生感到极不适应，依赖性和独立性的反差造成他们对新生活感到迷茫，却不知该如何下手去改变现状。

5. 人际关系氛围的影响

大学生在校期间人际关系处理得好与坏直接影响他们的学习和生活。亲密、融洽的人际关系可以使人身心愉快、舒畅，从而促进学习，提高工作效率，使人感到生活轻松如意；但是疏远、紧张的人际关系会使他们心情不愉快，与人交往处于紧张状态，有时还产生敌对、憎恶的情绪，从而导致攻击性行为，有损自身及他人身心健康。

6. 不健康的校园文化的影响

社会上的不良风气正在通过多种渠道向校园传播，原本清静的校园滋生了一些不健康的因素。校园里出现了追求新潮和时尚热，一些学生热心于游戏、赌博、泡吧，考试作弊、弄虚作假现象更是屡见不鲜，而“课桌文化”“厕所文化”则更是不堪入目。这些现象影响了当代大学生的形象，更严重影响了广大学生的身心健康，使得一些大学生变得颓废、失去朝气和活力，失去了大学生应该有的精神面貌。

7. 大学生自身心理因素的影响

有些大学生自我控制能力弱，自我评价易受外界事物的影响，也易受情感波动的影响，在对事物的看法和观察上容易片面化。这主要表现在，有的大学生对自己不负责，对自己的未来不抱任何希望，也没有用高标准来要求自己，而是整天无所事事，虚度光阴。

8. 生理成熟的影响

由于生理的成熟，大学生在处理与异性情感方面都有自己的想法。他们渴望接触异性的同时，由于心理上很不成熟，经验不足，阅历浅，往往在感情问题上缺少严肃性，经常是盲目地选择开始一段感情和结束一段感情。这样，很容易使他们进入感情误区而无法自拔，最终导致情绪不稳直至通过激烈的行为表现出来。特别是有些学生因失恋导致情绪极度低落，甚至痛不欲生。

9. 专业兴趣问题

在大学里，常会有学生不喜欢自己所学的专业，缺乏学习兴趣，因而情绪低落。这种现象主要有几个方面的原因：① 在报考大学志愿时，对各专业情况不了解，因此填报比较盲目，不符合自己的实际兴趣爱好；② 被所填报的专业录取，但实际情况与自己当初的想法相去甚远；③ 志愿服从调剂，所学专业并非自己喜欢的专业，但又因为学校的原因而不得不读，因而感到很无奈；④ 受各方面的影响，认为自己所学专业没有发展前景，从而缺乏学习热情；⑤ 对本专业学习的艰苦性估计不足，遇到困难就丧失了信心。

10. 前途问题

如果说学生们在填报志愿时还比较感性的话，那么进入大学的他们都已经开始从职业准备的角度来思考自己的前途了。社会的人才需求、实际的工作情况以及自己的主观意愿等，都会引起他们的思考和权衡。在这个过程中也经常会产生各种心理上的问题，从而引发心理疾病。

第三节　大学生心理危机管理

一、大学生心理危机的预防

（一）进行科学的心理健康教育，发挥心理健康教育课程的引导与疏解作用

心理健康教育的含义是根据人们不同阶段各类发展变化规律，从人们的心理方面进行目的性、计划性的培养教育。具体而言，心理健康教育的主体是受教育，目的是最大限度地开发人们个体的心理潜能，帮助人们朝着积极的方向发展，从而多方面地培养其优良的心理品质，并起到消除和预防各种心理障碍与行为问题的作用。

近年来，心理健康教育成为高校逐渐开展的教育内容之一，一系列经党中央和教育部发布的相关文件都明确地指出，心理健康教育是大学生思想政治教育的重要组成部分，并建议将其纳入德育工作的体系中进行运作。在大学生心理健康教育中，高校需要充分发挥课堂教学的重要作用，用一定的心理学理论配以操作技术，并将日常教育与教学工作进行结合，再按照大学生不同阶段生理及心理的发展特点和规律，有计划、有目的地培养大学生优良的心理素质。此外，专题讲座也需要有针对性地开展。高校还需营造一种利于大学生健康成长的校园文化氛围，同时大力进行多渠道、全方位、立体化的心理健康知识的宣传，如利用心理健康知识手册、课堂教学、报刊、广播、网络等方式。最基本的是要进行心理健康知识的普及，进而再根据不同类型、不同年级、不同专业的学生开设相应的心理健康教育讲座和课程，如积极心理学、人际关系心理学、情感心理学、人格心理学、爱情心理学、互别心理学等相关的课程和专题讲座，从而使不同层次、不同类型的学生们的心理发展需要得到满足。让学生学会心理健康自我调适的技能与方法，使其社会适应能力和心理适应能力得到提升，激发与调动其参与的主动性与积极性。同时在这种教育过程中，学生也会逐渐认识到，任何心理问题的解决方式最终落脚点是在学生自己，依靠自我的力量才能消除各种心理问题的阴霾。

（二）举办多种多样的心理健康教育活动

对学生而言，多种多样、新奇有趣的活动是其最易接受的一种教育方式。例如，举办征文手抄报比赛、心理健康知识竞赛、学生现场咨询、心理电影赏析、团体心

理训练、校园心理剧比赛、主题班会等别出心裁的心理健康教育活动既可以帮助维护其心理平衡，促使其心理发展更为健康向上，也有利于其优良的心理品质的养成。目前，已有许多高校顺利举办了诸如此类的一系列活动，学生们都积极参与，取得的成效显著。

（三）开设专门的心理辅导与咨询机构

心理咨询指的是具有相应资格的专门心理咨询人员运用心理学方面的理论与方法，向求询者施以积极影响，在此过程中，以促使求询者的行为和心理发生积极的变化，同时也帮助求询者达到自助目的。高校需要根据心理健康教育的要求与目标，结合相应的原则进行科学的咨询与辅导，重视与做好部分学生的心理辅导工作。首先，要对心理咨询内容进行科学的规划，选择正确的心理咨询方式，并由专门的心理咨询员、心理健康教育工作者接待学生来访，进行专业性心理治疗。在此过程中，对于不同学生的状态，也要有所针对、有所侧重。实践证明，必须要重视和做好特殊学生的心理健康教育工作。对于心理问题较为严重的学生，要仔细研究技巧，通过做好其他学生工作，营造一种良好的心理关怀与支持环境，缓解其心理症状。特别针对少数有心理问题的大学生应做好心理咨询干预和治疗工作。

二、大学生心理问题自助调适

大学生的求学生涯中会遇到一系列的心理危机，这个时候，就要注意对大学生的心理问题进行调适，尤其是注意对其人际关系方面、学习方面、恋爱方面和就业方面的心理进行调适。

（一）大学生人际关系方面的心理调适

认识交往对于每个个体来说，都是其基本需要，良好的人际关系往来是促进学生心理健康的重要因素。具体而言，大学生的人际交往主要涉及两个方面，一是师生关系，二是同学关系。

1. 大学生师生关系的心理调适

在学校中，师生关系是最重要的人际关系之一。师生关系的好坏，直接影响着大学生的学习状态，因此，正确地处理与老师之间的关系对于大学生来说极为必要。要做到与老师维持良好的师生关系，就需要做到如下几个方面：

一要积极地践行“尊师”的传统。《师说》有言：“师者，传道授业解惑者也。”自古以来，为人师者对自己的学生都寄予厚望，希望自己的学生能“青出于蓝而胜于蓝”。同样，尊师重道也是传承千年的美德，老师的辛勤劳动值得学生的尊重。人无完人，老师也不例外，在实际生活中，老师也不能将事情做得十全十美，但学生应该对其有起码的尊重。

二要正确看待老师的批评。良药苦口利于病，老师在批评学生时的出发点肯定都是好的，是出于为学生着想的考虑。当然，在此过程中难免有学生会心生委屈，但无论老师的批评是否恰当，学生们在面对这些批评时都要以积极的心态去看待、去面对、去正视。但当面对某些不恰当的批评时，也不能失去理智，而是要化委屈为动力，推动自己完善自我，自己的成绩优秀才是对老师错误批评的最好反驳。当听到老师的批评时，首先要先冷静、客观地分析老师批评自己的原因，自己的哪些行为存在过错。其次要仔细探究错误背后的原因是什么？而后，在接受批评后，自己从中应该得到哪些教训。

三要协助老师的工作。首先，大学生应该积极主动地去协助老师的工作，起好“上情下达，下情上馈”的桥梁作用，让老师对班级真实情况更加了解，提出负责任、有担当的建议，做老师的好帮手。其次，在与老师交流中，要掌握好对话的技巧。其中，最重要的一点是要学会如何适当地表达自己的要求与意见。这种“适当”包括恰当的语气、恰当的语言、恰当的时间、恰当的行为表现等。

2. 大学同学关系的心理调适

同学之间的关系从踏进大学校门开始，就成为大学生们必须学会恰当处理的关系。处理得好，四年下来会收获许多难以忘怀的真情实意；处理得不好，则会导致同学间的怨愤挤兑，甚至酿成“复旦投毒案”之类的惨剧。如何做好大学同学关系的心理调适呢？具体来说，应该做到以下几个方面：

一要养成健康积极的交往情绪。要知道，双方情感上的接近或疏远是人与人之间的吸引和排斥的主要因素。热情、快乐、亲切、满意等积极的情绪和情感能营造一种使人心境宽松、精神舒畅的交往环境，从而有利于增进双方的亲密关系；反之，愤怒、冷漠、厌烦、憎恨、不满等消极的情绪和情感会导致交往中的紧张、压抑情绪，这种不愉快的体验会成为人际沟通的阻碍。

二要树立正确的人际交往观念。大学生在与同学进行交往之前，首先需要从观念上矫正自己对人际交往的认识，明白恰当合适的交往是人们的正常需要，是一种光明磊落的行为，能促使其身心健康的进一步发展。

三要注意主动与人交往。充分发挥自我的主观能动性，人际交往是一种积极互动的过程，双方都积极主动地参与，才能使交往平稳运行，而后维持长久。通常来说，一旦克服羞涩，迈出主动与人交往的第一步后，以后的人际交往就变得不那么困难了。而只有通过在连续的交往中积累经验，进行总结，才能改正错误，克服不足，从而在未来的交往中发挥优点，使自我在与人交往过程中做得越来越好。在这种越变越好的人际交往体验中，自我的自信心与胆量也会慢慢得到增强，最终由怯于与人交往发展为乐于与人交往。

四要给予自己与他人正确的评价。在交往过程中，要尽量克服主观主义、印象主义，要多面地评价自己与他人，这是在具体交往过程中避免出现问题的前提条件。在学习生活中，通过将自我与他人进行对比，以此来提醒、监督自己，这种“三省吾身”的做法无可厚非。但在与他人进行对比时，要注意选择恰当的标准，不能将自我的短处与他人的长处做比，也不能将自我的骄傲感建立在他人的弱势上。

五要注意以诚相待。真诚、善良、正直、友好、信任等良好的个性品质和人格特征，有利于增强人与人之间的吸引力，从而建立和维护良好的人际关系。反之，自私、贪婪、虚假、猜疑、嫉妒、敌意等不良的性格特征，则会妨碍良好人际关系的建立，让人们陷入压抑的交往氛围，不利于人与人之间的合作和团结。

六要注意诚实信用。“人而无信，不知其可也。”许诺别人的事就要去履行，这是信用原则的重要表现。当你一本正经、信心十足地许诺后却又失信于人时，便会让人产生一种极强的不信任感，甚至在这段关系中爆发信任危机。言而无信，反复无常，此乃人际交往的大忌。

七要做到平等交往。在人际关系交往中，首先要树立人人平等的意识，不论其学习成绩好坏、家庭背景贫富、是否为班干部、外貌的美丑，都应得到同等的对待。而“平等”观念即意味着要尊重他人。尊重他人，他人才会给与你同样的尊重。其次，要对自己有信心，对别人有诚心，以尊重、理解的态度为交往注入保鲜剂。

八要注意求同存异。交往是双向的，在交际领域里，宽容他人就等于是在宽容自己，苛求他人也就等于是在苛求自己。人人都有自己独立的个性与思考，因此在与人交往时，不能用一种标准去要求他人，苛求他人符合自己的心理预期，要学会的是尽量宽容，于求同存异中维持良好关系。

（二）大学生学业方面的心理调适

对于大学生来说，学业的好坏直接影响其未来的就业和工作，因而学业受挫仍是目前大学生的主要心理问题的成因。面对此情形时，应该积极调整心态，进行自我调适，具体来说，要做到如下几个方面：

第一，要有坚定的自信心。自信是成功的第一秘诀，只有对自己、对环境、对未来充满自信心，才会有源源不断的动力去为既定的目标而不断努力、不断奋斗。失败乃成功之母，受挫乃大学生学涯路程中不可缺失的一块奠基石。因此，作为学生应该正确调适心理，既不妄自菲薄，也不自怨自艾。一直带着负面眼光去评估自己、环境和未来的人很难找到成功之路。

第二，要认真对待困难。困难千奇百怪，种类繁多，这其中虽然不是所有的困难都能通过个人的努力与勤奋将之解决。但是学生可以选择拥有的是积极面对与正视的心态，如今，许多大学生一遇到困难就怨声载道，畏畏缩缩。他们需要的是一种轻松地接纳困难的心态，想方设法地去打败一个个接踵而至的困难。

第三，要加强自我肯定。自我肯定也就是要对自我充满信心，这是自信心增强的基础。只有在正确了解和评价自己的基础上追求自己的需要、利益和价值，才能最大可能地驾驭和选择自己的生活。

第四，要正确看待学习的过程与结果的关系。学习是一种需要长期努力的过程，需要明确努力的目标，重的是过程而不是结果。但如今，不少大学生过于看重学习的得分结果，却轻视了学习过程中的能力锻炼。因此，学生需要正确看待学习过程与结果的关系，不唯分数论，应注重如何把握学习的过程，而把分数看成是追求过程中的阶段性标记。

（三）大学生恋爱方面的心理调适

由于思想观念认知和心理的成熟度不够，在恋爱过程中，大学生往往会因情绪、压力等问题而备受困扰。这种困扰会影响其学业、人际交往等多方面。因此，大学生进行恋爱方面的心理调适尤为重要。具体来说，有如下一些做法：

一是要克服以自我为中心的心理。在恋爱关系中，以自我为中心的话，往往会要求恋人围着自己转，听自己的话，为自己服务，迎合自己的需要，而全然不顾对方的需求、兴趣、爱好和价值观。这种单方面的适应往往不能维系一段长久的恋爱关系。因此，必须克服这种以自我为中心的心理，学会去关心、尊重恋爱当中的另一方。

二是不能有从众心理。有从众心理的人，对恋人的看法往往缺乏主见，容易随波逐流。他人的意见成为其判断的标准，别人说好就自鸣得意，别人说不好就开始自我怀疑，这种过分看重他人意见的心态往往会断送了自己的爱情。广听众议固然是好的，但也要有自己的思考，认真地去分析判断，才能做出不让自己后悔的决定。

三是不能有自卑心理。有自卑心理的人，其自身条件不一定就差，有的可能是生理上有缺陷或者是其他原因。有自卑心理的人在遇到理想的异性朋友时便会担心对方是否会瞧不起自己，导致其不敢大胆追求。要知道，这种自卑心理会对自己的爱情发展产生不利的影响，因而有这种心态的人要振作精神，树立起自信、自强的心理。

四是不能有迷信心理。有迷信心理的人，会为了自己的恋爱关系求神拜佛，算命看相。这种迷信心理也许能促成一桩美好的姻缘，但也很可能会阻碍青年男女恋爱关系的建立和发展，甚至酿成不幸。虽说有缘千里来相会，但在此过程中以迷信的方式去影响恋爱关系却是万万不可取的。有这种心态的人应该尽早树立科学观念，清除愚昧邪说的影响。

五是不能有求全心理。人无完人，有求全心理的人，往往会把恋人过于理想化，进而对恋人的要求过高，超出了实际，择偶的范围便会极大地缩小，恋爱的成功率也会因此降低。特别是在大龄青年里，求全心理更为突出，其对另一半的一再苛求往往导致结果的一误再误。因此，有这种心态的人要从理想化回归到现实中来，及时调整择偶标准。

六是不能有男权心理。有男权心理的人，无论男女往往都认为男性要比女性强，不管是能力还是其他方面。作为女方而言，会去要求男方的地位、文化水平要比自己高；作为男方而言，当其地位、文化水平低于女方时，便会丧失去追求女方的信心。显而易见，这种心理的存在会对自己的爱情造成不利的影响，因此要尽量去克服这种心理，树立起男女平等的观念。

（四）大学生就业方面的心理调适

对于大学生来说，毕业后的就业问题是关系其未来发展的重要问题，在就业途中的受挫经历也成为大学生的主要心理问题，而尽快摆脱就业受挫的困境是其必须要具备的素质。因此，在自己就业受挫后要积极进行心理调节，努力做到如下几个方面：

一是要调适心态，做足准备。大学生要提前做好功课，及时了解招聘单位的需求，根据需求做好求职前的相应准备，如求职材料、服装礼仪等。进入求职面试环节时，相信自我，抱着“我一定会成功”的心态。此外，要合理使用面试技巧，将自己的长处展现，更好地推销自己。

二是要正视社会现实。大学生要根据社会现状，正视社会，对症下药，在就业过程中，只有了解社会现状，才能更好地适应社会，进而使自身的潜能得到充分发挥，为社会发展做出贡献。

三是要积极融入新环境，以乐观的心态适应新岗位。大学生到了新工作单位后，首先就要端正心态，以积极的心态主动参加单位组织的各项活动，同时也要注意虚心学习，尊重同事和领导，团结他人，尽快适应新的生活环境、工作环境、人际环境。

四是要谨慎谦虚，胆大心细，在竞争中吸取更多的经验。刚参加工作的大学生们往往初生牛犊不怕虎，一方面志向高远，但另一方工作经验又不足，工作过程中难免有所不妥。在大学生踏入工作岗位时，对领导、同事的善意批评一定要正确认识，摆正心态，虚心接受别人意见。也不要怕吃苦、吃亏，平时主动干一些诸如清扫卫生的小事，从这些小事做起，一步一个脚印，踏踏实实工作。但踏实不意味着不思进取，作为大学生也要有拼劲，要敢于竞争，有积极的竞争意识。这种竞争不是凭空想象，而是要从实际出发，充分考虑自己的性格、专业、爱好，发挥出自己的核心价值，扬长避短，成为不可替代性的员工。

五是要积极调整择业期待度，把目光放长远。大学生在择业时，往往会由于对很多方面诸多挑剔，期待度过高而导致未达期待时的失落，如职业地位、工作环境、工资收入等。这时，大学生应该做的是去调整期望值，放下思想包袱，认真、冷静地分析自我求职失败的原因，通过“分步达标”（先就业再择业）的办法，最终实现自己的愿望。

故事 1：老太太与两个儿子的故事

一位老太太有两个儿子，大儿子卖伞，二儿子晒盐。为两个儿子，老太太差不多天天愁，愁什么？每逢晴天，老太太叹息：“这大晴天，伞可不好卖哟!”为大儿子忧。每逢阴天，老太太又嘀咕：“这阴天下雨的，盐可咋晒？”为二儿子愁。终于积忧成疾，病卧在床，真是“可怜天下父母心”。两个儿子倒也孝顺，四处访医问药，幸访得一智者，口授一计曰：“晴天好晒盐，老太太应为二儿子高兴；阴天好卖伞，老太太该为大儿子高兴，这么转念一想，保你没愁发喽!”老太太依计而行，果真变愁苦为欢乐，日渐心宽体健起来。

故事2：狐狸吃葡萄的故事

盛夏酷暑，一群口干舌燥的狐狸来到一棵葡萄架下。一串串晶莹剔透的葡萄挂满枝头，狐狸们馋得直流口水，可葡萄架很高。

第一只狐狸跳了几次摘不到，从附近找来一个梯子，爬上去满载而归（这只狐狸采用的就是问题解决方式，它直接面对问题，没有逃避，最后解决了问题）。

第二只狐狸跳了几次仍吃不到，找遍四周，没有任何工具可以利用，笑了笑说：“这里的葡萄一定特别酸!”于是，心安理得地走了（这只狐狸运用的是心理学当中经常提到的“酸葡萄效应”，也可以称为文饰作用或合理化解释，即以能够满足个人需要的理由来解释不能实现自我目标的现象）。

第三只狐狸高喊着“下定决心，不怕万难，吃不到葡萄死不瞑目”的口号，一次又一次跳个没完，最后累死在葡萄架下（这只狐狸的行为，在心理学上我们称为“固执”，即反复重复某种无效的行为，有时我们也称它为强迫症。这说明，不是任何事情的最佳方案都可解决问题，要看自己的能力、当时的环境等多种因素）。

第四只狐狸因为吃不到葡萄整天闷闷不乐，抑郁成疾，不治而亡（这只狐狸的情况是“抑郁症”的表现，即持久的心境低落状态为特征的神经性障碍）。

第五只狐狸想：“连个葡萄都吃不到，活着还有什么意义!”于是找个树藤上吊了（这只狐狸的下场是由于它心理不平衡造成的，在现实生活中我们经常会遇到类似的“不患寡，患不均”的现象。很多人在与别人比较的时候，因为心理不平衡选择了不适当的应对方式）。

第六只狐狸吃不到便破口大骂，被路人一棒子了却性命（这只狐狸的行为我们称它为“攻击”，这是一种不可取的应对方式，于人于己都是有害无利的）。

这两个故事告诉了我们同一个道理，在面对同一种现实情况时，换一种不同思维方式或心境，其结果可能就完全不一样。换言之，心态决定一切。

大学的时光是人生当中最宝贵的，无论是身体等外在方面的变化还是知识、才干等内在方面的养成都不可同日而语。在此时期，大学生们的生理、心理变化得十分显著，外显出了诸多特点。目前，大部分的大学生都充分展现了时代的特质，他们渴望成才、目光新奇、思想活跃、朝气蓬勃，积极向上。他们既能独立思考，又意志坚强，在学习中的效率也高，认知能力与自我发展意识在各种体验中得到逐步提升。而丰富的情感体验，加之良好的人际关系网，这些共同构成完整和统一的大学生人格。

同时，大学时代又是一个人成长成才的基础积淀时期。大学生要想成才，不仅要具备出众的道德修养、良好的知识储备和健康的体魄，良好的心理素质和健全的人格都是不可或缺的，如此，才能更快更好地适应现代社会发展的需求。优良的心理素质，自身良好的心理弹性，对于现代社会的出众适应力，这些不仅能帮助大学生克服以及消除心理障碍，而且能对大学生整体素质的提高和其个体的全面发展大有裨益。这些都是当代大学生成为合格人才所不可或缺的。

第五章　大学生网络安全管理

互联网技术在崛起和普及的同时，也给人类社会的发展、生活、沟通等方面都带来了翻天覆地的变化。网络作为一种媒介、一种工具，对于人类来说是一把双刃剑，它可以让我们不受时间空间的限制开阔视野，共享资源，探索奇妙的世界；它也可以危害人类的生命财产，侵蚀我们的灵魂，让我们落入万丈深渊。

大学生作为与网络接触最多的社会群体，获得了网络时代带来的机会和便利，但是由于自身成长经历和社会经验的不足，其网络安全防范意识、不良信息识别能力、自我约束等能力都比较薄弱，这就导致一些大学生受到电信诈骗、不良借贷、非法交易等犯罪活动的危害，或是出现过分依赖网络的行为或现象，甚至性格孤僻，心理扭曲。因此，我们必须高度关注大学生网络安全问题。

第一节　网络不良信息的危害和预防

一、网络不良信息概述

网络信息涉及国家的政治、经济、军事、文化等诸多领域，其存储、传输和处理的许多信息是国家或个人的重要信息，其中涉及许多机密或敏感信息，因而不可避免地会引来各种人为攻击，如信息窃取、数据篡改等不法行为。当前计算机和网络技术类型的犯罪量在不断攀升，严重影响社会的稳定，因此，人们越来越关注和重视网络信息安全。《中华人民共和国宪法》和《全国人大常委会关于维护互联网安全的决定》《互联网信息服务管理办法》以及其他法律法规明文禁止传播的各类信息均被认定为违法信息。

我国一直以来都很重视对网络不良信息的防范和打击，并发布了一系列约束和规范网络不良信息的行政法规和部门规章。如国务院 1994 年发布的《中华人民共和国计算机信息系统安全保护条例》、1997 年发布的《中国互联网络域名注册暂行管理办法》、1996 年制订后于 1997 年修订的《中华人民共和国计算机信息网络国际联网管理暂行规定》；公安部 1996 年发布的《关于对与国际联网的计算机信息系统进行备案工作的通知》，同年公布的《关于对〈中华人民共和国计算机信息系统安全保护条例〉中涉及“有害数据”问题的批复》等。

一般来说，我们可以将网络不良信息分为以下四种类型：

（一）违反法律类

违反法律类信息即违反相关法律法规要求，败坏社会道德或风气，并影响社会安定团结的相关信息。其涉及很多种类，大致包括淫秽、色情、暴力等低俗信息，赌博、犯罪等教唆信息，毒品、违禁药品、刀具枪械、监听器、假证件、发票等管制品买卖信息，虚假股票、信用卡、彩票等诈骗信息，以及网络销赃等多方面内容。在违反法律类信息中最为突出的就是淫秽色情类低俗信息。

（二）违反道德类

违反道德类信息是指违背社会主义精神文明建设要求、违背中华民族优良文化传统与习惯以及其他违背社会公德的各类信息，具体表现为文字、图片和音频等形式。法律是最低标准的道德，道德是最高标准的法律。虽然一般情况下违反道德类信息仅违背一般的道德准则，仅会受到主流道德规范的谴责和约束，但是道德与法律之间密切相关，违反道德类信息一旦“过头”，会造成严重的后果和恶劣的影响，极易演变为“违反法律类”信息。

（三）破坏信息安全类

带有病毒、木马等高风险类信息，对访问者计算机构成安全威胁的信息均为破坏信息安全类信息。现在，各种木马盗号、挂马网站愈发猖獗，稍不留神便可能感染电脑病毒，轻者导致计算机罢工，重者可能会导致大面积网络瘫痪，严重威胁普通用户的互联网访问行为。

（四）破坏社会安定类

破坏社会安定类信息是指在以网络为依托，散布或传播的危害社会公共安全，造成社会恐慌和削弱政府公信力的信息。这类信息本身并不可信，一般来源于非权威渠道，经由传播者的“修饰”，促使公众“宁可信其有，不可信其无”。

二、大学生的认知现状

大学生对不良网络信息的关注度表现出多样化和结构性的特征，对明显违反道德和法律、破坏社会安定或者敏感性较强的政治类不良信息，大学生群体通常能做到自觉抵制或拒不参与，但是仍然存在辨识模糊或者盲目从众的现象。其中，对于政治议题的关注呈现出男多女少的结构特征；大学生对于凶杀教唆犯罪等严重不良信息，表现出了一定的法制素养，能够自觉主动进行抵制；对于封建迷信、涉赌涉黄涉黑和某些违背中华传统价值观的边缘性信息，大学生群体表现出男女态度不一、有所区别的特点。但对于破坏信息安全类的不良信息，由于大学生的专业不同，很难辨识此类信息，大部分学生认为只要用了杀毒软件就可以预防病毒，因此，很多大学生对破坏信息安全类的不良信息的抵制能力较弱。

三、网络不良信息的传播方式

（一）通过网络游戏传播

网络游戏大多以刺激、暴力和血腥内容为主题，通常采用多方对垒、互相攻击等形式，游戏画面设计充斥着血腥和暴力因素，这些恰好满足了大学生群体好胜好斗和对英雄的崇拜和模仿心理需求。他们通过网络游戏体验当英雄的感觉，并在游戏中肆意宣泄自身的负面情绪和压力。

（二）通过电子邮件传播

作为网络的一项重要服务功能，电子邮件使人们的信息交流与沟通更加迅速和便捷，与此同时，大量的不良信息也通过电子邮件的方式被用户接收，如垃圾邮件、病毒邮件以及色情邮件等。大量的垃圾信息不仅浪费了用户的时间和金钱，更为严重的是，对个人用户来讲，很可能因为垃圾邮件占用过多物理存储空间而导致某些重要邮件丢失。

（三）通过聊天工具传播

微信、微博、QQ是现代社会最常用的网络聊天工具，其提供的文字、语音、图片、视频等信息内容使得人们沟通变得十分顺畅，发达的网络技术也让信息传输变得更加快捷、广泛，这也为不法分子传输各类不良信息提供了重要渠道。

（四）通过网络论坛传播

网络论坛是用户通过网络来交换信息的平台。随着人们的需求多元化和网络信息技术的进步，网络论坛在传统的交流沟通的功能之外又增加了软件下载、影视下载、视频聊天等功能。但是网络论坛、聊天室交流具有极强的匿名性，这一特性使发言者可以完美地隐藏和修饰自己，这种匿名性和随意性使得虚假信息、淫秽色情信息、反动信息在网络论坛中肆意滋生和扩散。

（五）通过博客传播

具备基础网络知识和网络操作能力的人可以轻易地注册一个完全属于自己的博客，然后按照个人好恶和价值取向在博客上粘贴内容，随心所欲地编辑、更新所传播的信息。由于博客在信息传播和接收上存在较强的匿名性，在信息发布形式上也相对自由，这就不可避免地带来如淫秽、色情、虚假信息泛滥等一系列负面信息。

（六）通过网上个人主页传播

在现今的网络世界，许多网站都通过提供免费的个人主页空间来吸引网民，而这也是绝大多数网民建立个人网站的重要途径，这时网上个人主页也有成为不良信息的发源地的可能，如有些人通过自己的个人主页发布色情图片或境外黄色站点链接等。

四、网络不良信息对大学生的危害

（一）对大学生的政治思想造成危害

互联网这一虚拟世界虽然内容多样却也存在资源数量庞杂和良莠不齐的问题。许多国内外不法分子或是对社会不怀好意的群体或个人，经常借由网络任意散播反社会、反人类或反政府的恶劣言论，传播虚假信息、造谣惑众，对社会热点和敏感事件进行恶意炒作，故意歪曲事实，混淆视听，以此来达到误导舆论的目的；宣扬消极颓废甚至违法的思想言论，如一些邪教组织利用网络宣传歪理邪说，使意志薄弱的大学生落入陷阱，被不法分子误导、利用，对他们的道德品质、政治思想造成强大的冲击，甚至犯下危害国家安全的严重罪行。

（二）对大学生身心健康造成危害

对大学生群体而言，其正处于理想信念和价值取向的形成时期，因而心理呈现出一定程度的不稳定性，也缺乏是非辨别能力，心理承受能力和自我控制能力也比较薄弱。如果经常浏览含有暴力、凶杀、色情信息的网站，既容易损害身心健康又容易诱发犯罪。青年大学生通过正常途径获取一些性知识是有必要的，但是浏览色情网站、看色情信息是非常危险的。更可怕的是，一旦沉迷于网络色情将难以自控，不仅不利于身心健康，而且有可能走上犯罪道路，葬送自己美好的前程。此外，向他人传播色情信息等不良信息既与社会的道德要求背道而驰，也违反了相关法律法规。公安部、中央宣传部、信息产业部等十部委从 2007 年起，在全国范围内组织开展“依法打击网络淫秽色情专项行动”，共清理网上淫秽色情信息 25 万条，关闭淫秽色情网站、栏目 1.3 万余个，关闭赌博、诈骗网站、栏目 4500 余个。

（三）对大学生人身财产造成危害

在当今的信息时代，大学生群体倾向于通过电信网络来获取信息、沟通交流和休闲娱乐。但是，电信网络在满足大学生群体的学习、社交和生活需求的同时，也给了一些不法分子可乘之机，诱发了大量的电信网络安全问题，如电信网络诈骗等。近年来，这些电信网络诈骗的“目光”更是转向了大学生群体。相关调查显示，首先，多数大学生都遭受过网络诈骗，多以垃圾邮件、垃圾短信、诈骗电话等途径传送诈骗信息；其次，女性大学生的受骗率高于男性大学生，主要是由于女性大学生的防范意识和警惕性相对较低，使其更加容易落入网络诈骗分子的圈套；最后，网络诈骗形式越趋多样化，如虚假中奖诈骗、冒充亲友或黑社会诈骗、代购诈骗、钓鱼网站、欠费诈骗、募捐诈骗等。

近年来，网络诈骗的犯罪方式呈现出多样化且更加便捷的特点。从统计数据来看，电信诈骗已经逐渐被犯罪分子所抛弃，取而代之的是利用互联网实施诈骗，这一过程中，中青年人群成为犯罪分子的首要目标，且这一群体中不乏大学教授、企业高管、商业明星等，在这一群体中，大学生由于自身社会经验不足、安全意识缺失等原因成为网络诈骗的重要目标。

1. 不良网络借贷或网络诈骗对财产安全的威胁

大学生网贷是个热门话题。网贷，即通过网络平台贷款。网贷属于“互联网+金融”的行为，网贷对大学生确实起到了一定的缓解一时经济压力的便利作用，但由于部分大学生没有树立正确的金钱观和消费观，且自身缺乏判断力和自律性，极易产生不良网络借贷，如裸贷或一些非法网贷。一般情况下，大学生在无力偿不良网贷时，可能会出现向同学借钱填补网贷漏洞、逃课、夜不归宿等现象，甚至可能“拆东墙补西墙”，产生新的网贷来填补之前的网贷，长此以往，会产生超出自身经济承受范围的巨额债务，这就很容易致使大学生产生偏激行为甚至走上违法犯罪的极端道路。

网络诈骗多以垃圾邮件、垃圾短信、诈骗电话等途径传送诈骗信息，电信网络诈骗分子之所以能屡屡得手，在一定程度上是借助了电信网络运营商、银行等行业部门在监督管理上的不规范和漏洞，他们假借学校、银行甚至购物平台卖家等身份诱骗大学生点击诈骗链接或进行不当操作，获取大学生的个人信息甚至直接骗取其个人财产，造成大学生的经济和财产损失。

2. 不良网贷对人身安全的侵害

当不良网贷产生后，大学生无力偿还高额借款，甚至被借贷平台催贷时，可能会被暴力催贷或个人信息及隐私被公之于众，个人安全和隐私权益被非法侵犯，个人的正常生活受到严重干扰。此外，大学生自身可能会产生焦虑、恐慌等情绪，严重者甚至可能抑郁或自闭，从而做出伤害自身或他人的不理智行为。

3. 影响大学生的学业和前途

部分大学生通过网上贷款分期进行超前消费或奢侈消费，由于这一方式门槛较低，就会导致部分大学生冲动消费和盲目消费，最后造成负债累累、影响学业的严重后果。此外，一旦出现逾期不还的情况，将会影响大学生在银行的个人征信。现代社会，个人信用对人们的生活至关重要，会关系大学生未来购房购车等，个人信用一旦受损，会对大学生的未来生活产生严重的影响，使其面临被起诉的风险。

五、大学生对网络不良信息的预防

大学生刚刚脱离单纯的高中校园，他们通常是初次离开父母独自生活，对社会中的各种新鲜事物充满好奇心，但自身缺乏社会实践经验，对是非善恶的甄别能力也比较差，容易受到各种不良信息的侵袭，面对形形色色的不良信息，大学生该如何有效预防呢？

（1）大学生要文明上网。作为网络的使用者和消费者，大学生群体应依法文明上网，自觉遵守《全国人大常委会关于维护互联网安全的决定》《中华人民共和国计算机信息系统安全保护条例》《计算机信息网络国际联网安全保护管理办法》《互联网电子公告服务管理规定》等法律规范，规范和约束自身言行，增强自身的法制观念，不在网站、论坛、博客或其他社交软件上发表和传播违法的、格调低下的言论、图片、音频和视频信息。

（2）根据我国的传统道德和网络道德规范，大学生要主动树立正确的人生观、价值观，自尊、自爱、自律，使用网络文明用语，弘扬传统民族文化，坚决与不道德的行为作斗争，营造文明和谐、安全稳定的网络环境。

（3）不要登录不良网站，为安全稳定的网络环境贡献力量，远离暴力、色情等不健康的信息，选择官方的、大型的、内容健康的网站。

（4）大学生应根据需要安装操作系统及应用软件，并合理地设置操作系统和应用软件的参数。对于使用次数较少的服务，最好将其设置为手动启动，这样可以大大减少病毒入侵的机会。同时，大学生还要养成良好的操作习惯，如不要随意共享资源，不要将用户密码设置为简单易破解的数字，不要随便阅读来历不明的电子邮件等。

（5）使用防病毒软件与防火墙软件时，要将不良信息拒之于门外。倘若操作系统本身自带防火墙，最好启用防火墙。防火墙能限制网络中的各种访问，如 UDP 和 TCP 端 IP 访问等，能将内部与外部隔离，切断病毒传播途径。但是检测与清除病毒还是要靠杀毒软件，在选择防病毒软件时，除了要考虑产品的功能强大之外，还要考虑防毒厂商的资质、信誉、产品的售后服务和在线技术支持等。

（6）及时升级操作系统及相应软件的补丁。目前很多网络病毒都是利用操作系统或应用软件，因此，及时升级操作系统及应用软件的补丁，堵住漏洞是防治网络病毒的有效手段，但同时也要及时升级防病毒软件的病毒数据库，以保证对新型病毒的准确检测。

（7）备份重要数据。定期备份重要数据是一个很重要的补救措施，一旦机器感染病毒，重要数据就会丢失，有了数据备份则可将损失降到最低。

（8）大学生要及时了解最新病毒的动态，提高防范意识，根据其流行的特点，修改和完善防治措施。

（9）丰富自己的课余生活，培养积极、健康的爱好，参加具有丰富性、情趣性和创新性的课外活动，在活动中培养各种兴趣、身体素质及健康人格。

（10）选择服务好的网站申请电子邮箱地址，最好使用有服务保证的收费邮箱。可采用英文和数字的组合来给自己的邮箱取一个保护性强的用户名，尽量长一些，以避免垃圾邮件的骚扰。另外不要随便外泄自己的邮件地址，不要随便回复垃圾邮件，要学会使用远程邮箱管理功能、邮件管理及过滤功能，还可借助反垃圾邮件的专门软件。

（11）在网上发现不良信息，或收到垃圾邮件，可向网络警察和网络管理人员求救，也可向公安的网监部门举报，但要注意保留不良信息的出处、IP 地址等信息。具体相关法律如下：

《中华人民共和国治安管理处罚法》第二十九条，有下列行为之一的处五日以下拘留，情节较重的，处五日以上十日以下拘留：

① 违反国家规定，侵入计算机信息系统，造成危害的；

② 违反国家规定，对计算机信息系统功能进行删除、修改、增加、干扰，造成计算机信息系统不能正常运行的；

③ 违反国家规定，对计算机信息系统中存储、处理、传输的数据和应用程序进行删除、修改、增加的；

④ 故意制作、传播计算机病毒等破坏性程序，影响计算机信息系统正常运行的。

（12）提防网络“黑客”。在人们眼中，黑客是一群聪明绝顶、精力旺盛的年轻人，一门心思地破译各种密码，以便偷偷地、未经允许地打入政府、企业或他人的计算机系统，窥视他人的隐私。那么，什么是黑客呢？黑客（Hacker），源于英文 hack，意为“劈，砍”，引申为“干了一件非常漂亮的工作”。在早期麻省理工学院的校园俚语中，“黑客”则有“恶作剧”之意，尤指手法巧妙、技术高明的恶作剧。在日本《新黑客词典》中，对黑客的定义是“喜欢探索软件程序奥秘，并从中增长其个人才干的人，他们不像绝大多数电脑使用者那样，只规规矩矩地了解别人指定了解的狭小部分知识”，他们通常具有硬件和软件的高级知识，并有能力通过创新的方法剖析系统。黑客，能使更多的网络趋于完善和安全，他们以保护网络为目的，而以不正当侵入为手段找出网络漏洞；另一种入侵者是那些利用网络漏洞破坏网络的人，他们往往做一些重复的工作，也具备广泛的电脑知识，但与前一种黑客不同的是，他们以破坏为目的，这些群体称为“骇客”。当然还有一种人兼于黑客与骇客之间。那么我们讲的提防网络黑客其实就是指提防网络骇客。网络上的不安全因素非常多，但威胁最大的其实就是黑客攻击。作为一名经常与网络打交道的大学生，应当懂得一些基本的网络安全常识，防止不法分子入侵计算机系统、探寻隐私、盗取个人信息和重要资料，给自己带来损害。那么，大学生应采取哪些措施来保护自己呢？下面是防止黑客入侵的基本防范方法。

① 学习和掌握必要的网络安全防范知识，增强网络安全防范意识。

② 关闭不必要或不了解的网络服务，不用电子邮件寄送密码，实现网络配置“用户权限最小化”。

③ 积极采取防御措施。使用反黑客工具软件查找和预防黑客非法进入计算机网络，以剿灭黑客攻击。

④ 警惕黑客利用信息安全的漏洞盗取重要的信息资源。不要轻易把自己的入网账

号和密码告诉他人，并且密码设置不要过于简单，要经常更换，以防别有用心之人攻击你的计算机网络。

⑤ 对网络采用防火墙技术实施内部网络与外部网络的隔离，消除来自外部的非法入侵者；最好配合防火墙技术对重要数据采用加密技术。

⑥ 网络上的数据传送要采用加密形式，防止在数据传输中的泄密或被黑客盗取，网上下载的文件要经过杀毒扫描后再打开，不要随便在网上下载免费的软件。如需下载，尽量到官方网站下载。

⑦ 重要数据必须及时备份，一旦系统遭到黑客攻击或窃取、篡改数据时，及时恢复数据，把损失控制在最小范围内。

⑧ 计算机操作过程中以及上网过程中产生的历史记录等要及时清理，以免被不法分子窃取相关信息。

⑨ 摄像头不用时最好与计算机的连接断开，计算机关掉后要断掉电源，以防被黑客或非法安装的自动程序打开。

⑩ 加强网络管理，随时检查和即时监控，防止和杜绝未经授权进入网络的入侵者，严防黑客进行恶意破坏。

⑪ 一旦发现黑客入侵或被远程控制，应及时向公安机关报案。

第二节　大学生网络综合征的危害

网络是一个虚拟世界，对于易接受新鲜事物的青年大学生有着无限的吸引力，这种吸引往往会导致青年大学生对网络的过度沉迷，最终形成“网络综合征”。沉迷于网络世界不能自拔的患者初期只是表现为对网络的精神依赖，渴望上网、玩游戏，之后就很容易发展为身体上的依赖，出现食欲不振、焦躁不安等现象，严重影响大学生的身心健康。

一、网络综合征的概念及成因

（一）网络综合征的概念

网络综合征是指在网上持续操作的时间过长，随着乐趣的不断增强，而欲罢不能，难以自控，有关网络上的情景反复出现在脑海，漠视了现实生活的存在。大学生很容易存在网络成瘾或沉迷现象。沉迷于网络的大学生经常无法有效控制管理上网时间与金钱，也容易与父母、师长等关系紧张，上网时间越多，所出现的人际关系问题也会更加严重。

（二）网络综合征的成因

青年学生是网络综合征的易感人群，因为青年学生正值青春期，心理发育还不成熟，自制能力差，容易产生逆反心理，特别易出现心理和行为的偏差。虚拟网络的理想化为他们提供了平台。结果导致他们从最初好奇的随意浏览，到不能自拔的精神依赖，最后发展为躯体依赖。他们具有“双重人格”，网络中的他们往往和现实中的自己判若两人。而且他们多数性格孤僻，不善于与人沟通，导致与家人、朋友关系紧张，面对挫折与失败习惯逃避。

网络成瘾的主要症状有：上网后精神极度亢奋并乐此不疲，长时间使用网络以获得心理满足或通过上网来逃避现实，并时常出现焦虑、忧郁、人际关系淡漠、情绪波动、烦躁不安等现象。上网时间每次都超过原来计划，甚至整夜地游荡在虚幻的环境中，而到白天则昏昏欲睡，对现实生活无兴趣。不上网时手指会不停地运动，严重时全身打颤、痉挛、摔毁器物。甚至只是为了活下去不得不吃饭和睡觉，有人因陷得太深而不能自拔。

如何判断一个人是否患有“网络综合征”呢？国外心理学家曾经提出了八项标准可以帮助我们自我诊断。① 你是否觉得上网已占据了你的身心？② 你是否觉得只有不断增加上网时间才能感到满足，从而使得上网时间经常比预定时间长？③ 你是否无法控制自己上网的冲动？④ 每当互联网的线路被掐断或由于其他原因不能上网时，你是否会感到烦躁不安或情绪低落？⑤ 你是否将上网作为解脱痛苦的唯一办法？⑥ 你是否对家人或亲友隐瞒迷恋互联网的程度？⑦ 你是否因为迷恋互联网而面临失学、失业或失去朋友的危险？⑧你是否在支付高额上网费用时有所后悔，但第二天却仍然忍不住还要上网？如果你有 4 项或 4 项以上的表现，并已持续一年以上，那就表明你已患上了“网络综合征”。

网络综合征的典型表现有：情绪低落；无愉快感和兴趣丧失；睡眠障碍，失眠，早醒，生物钟紊乱；食欲下降和体重减轻；精力缺乏，做事费力；精神运动性迟缓和激动；自我评价降低，自责，能力下降；思维迟缓，思考困难；有自杀意念和行为；社会活动减少；大量吸烟酗酒、饮用咖啡或浓茶，药物滥用。患网络综合征早期，患者开始主要是精神依赖，发现上网的乐趣，逐渐延长在线时间，上网时发生记忆力下降，即将上网时有种不可压抑的迫切感，对网络的依赖逐步增加，后来发展为躯体依赖，表现为每天起床后情绪低落，思维迟缓，头昏眼花，双手颤抖，感觉疲乏，食欲不振，每天须上网以后精神状态才能恢复正常水平。网络综合征晚期，患者出现与生活因素无关的体重减轻，外表憔悴枯槁，每天连续长时间上网。一旦停止上网，就会出现急性的戒断综合征，甚至出现自残或自杀现象，危害个人和社会安全。网络综合征严重影响了大学生的生活质量，使学习效率下降，造成各种无形损失，代价巨大。

1. 网络综合征产生的心理原因

精神得到满足而产生的快感是引发网络综合征的原动力，在当今的信息社会，网络无处不在，在虚拟的网络中，人们可以彻底地摆脱实用和功利的束缚，在网络上可获得精神层面的自由和满足。总结起来，网络综合征产生的心理原因有以下五个方面：

（1）从众心理。很多大学生上网是因为看到听到周围的朋友眉飞色舞地谈论网络上的内容，他们觉得自己如果不参与进去，就与朋友没有共同语言。从众心理促使他们深陷网络。

（2）虚荣心理。很多大学生在现实生活中因为各种原因所遇到的困难和挫折通过网络平台可以找到一个心理的平衡，并且用依赖、迷恋网络来维持这种脱离现实的平衡状态。例如，可以在游戏中称霸，可以在虚拟世界中获得完美的“爱情”，可以在网络中放肆表达自己的喜怒哀乐，学习不好在游戏中却出类拔萃，不善言辞却在网上口若悬河，个性孤僻却有一大帮相处融洽的网友。正因为如此，相当一部分大学生对网络十分青睐。

（3）叛逆心理。面对严峻的社会生存压力，父母、老师对大学生的期望都很高，监督、要求他们不断地学习前进。这些大学生承受着巨大的社会、学校和家庭压力，在这样的压力下，网络就成为他们宣泄不满和释放压力的重要途径。他们明明知道沉溺网络有很大危害性却义无反顾地投身其中。

（4）好奇心理。网络是信息时代发展的新兴事物，网络知识和信息的更新速度非常快。大学生所具有的好奇心使他们在网络这一与传统完全不同的事物面前失去抵抗力。

（5）交往心理。现阶段社会人文思想的弱势，道德体系的混乱，导致人与人之间缺乏交流。大学生正处于心理发育的关键时期，许多这一关键时期的特殊心理活动由于没有家长、老师的引导而封闭。网络便成为他们互相倾诉的途径，为他们提供一个虚拟的社会平台。

2. 网络综合征产生的客观原因

（1）网络的普及。网络的普及是大学生形成网络综合征的客观原因之一，根据中国互联网络信息中心（CNNIC）发布的《第 41 次中国互联网络发展状况统计报告》显示，截至 2017 年 12 月，我国网民规模达 7.72 亿，全年共计新增网民 4074 万人。互联网普及率为 55.8%，较 2016 年年底提升 2.6 个百分点。大学生是网络的重要用户，上网已经成为大学生生活的一部分，网络的普及为大学生形成网络综合征创造了环境。

（2）互联网的特征。互联网的特征是大学生形成网络综合征的客观原因之二，互联网具有匿名性、可操作性、及时互动交流等特点，这些特点使得互联网具有无限可能性。正是互联网的无限可能性成为大学生使用网络的重要动力。

（3）充裕的闲暇时间。大学生形成网络综合征的第三个客观原因是充裕的闲暇时间。大学生学业之余，通常还有大量的闲暇时间。调查显示，网络成瘾者之中，有 39.1%的人是源于不能合理安排自己的时间。

二、网络综合征的表现形式

（一）游戏成瘾

网络作为一种新生事物，对我们的生活、学习和工作造成了各方面的影响，尤其值得一提的是，“网络”和“游戏”的结合，不仅带来了巨大经济利益、形成产业价值，还给人们的生活带来翻天覆地的变化。近年来，网络游戏行业的发展速度非常惊人。我们必须认识到，网络游戏是一把双刃剑，虽然它有一定的娱乐、经济价值，但是也有人沉溺于网络游戏世界，难以自拔，脱离现实生活，甚至出现因痴迷网络游戏而犯罪的情况。有关研究表明，长时间沉溺于网络游戏对人的生理和心理的负面影响很大，通常会导致神经紊乱、激素水平失衡、免疫功能降低，从而引发紧张性头疼、焦虑，甚至导致死亡。

经过大量的研究，我们认为网络游戏成瘾的因素主要有以下几点：

（1）网络游戏成瘾与个人的人格特质有关。网络成瘾者的行为反应受其人格特质因素的影响，沉迷网络的人，其性格倾向于低自尊和追求感官体验，低自尊的人由于无法适应或不注重现实生活，沉迷于网络世界中；喜欢追求感官刺激体验的人，往往借网络产品使其置身于前所未有的高峰体验之中。这类人格特质者多半具有自闭疏离或冲动任性的生活风格。

（2）网络游戏成瘾还与个人的参与动机有关。网络游戏有助于个人获得社会支持、满足性的需求及创造虚拟角色。通过网络游戏，当事人可以获得满足感、增强网络人际归属感，以及获得亲密的人际关系，此外，他们还可以在网络建构的虚拟世界中，实现自我、超越自我。

（3）网络游戏成瘾与网络游戏自身的特色有关。首先，网络游戏富于变化，带给人们新颖的感受，迎合了大学生求新、求异的心理特点。其次，网络游戏具有易操作与使用便利性的特点。科技不断进步，计算机朝着“科技人性化”的目标迈进，计算机越来越智能，容易操作，加上宽带网络普及、价格降低，这些已成为目前网络成瘾现象的最主要原因。再次，网络游戏具有匿名性的特点。匿名可以提供使用者任意变换角色与身份，这是另一种逃避的方式。借由投入网络世界，可以暂时不必面对现实。同时，网络游戏还具有交互性。网络提供了人与人之间交流的场所，可以和来自五湖四海的人群沟通交流，不仅仅进行了娱乐，还可以经历真实世界中的各种体验，如友谊、竞争、团队精神等。

（4）网络游戏自我效能也是影响游戏者成瘾的一个重要因素。自我效能为个体对于自己处理周围事物能力的评估，而此评估的产生来自外在的环境、自我调适机制、个人经验能力、成就与表现交互作用的结果。自我效能可以分为积极自我效能与消极自我效能，积极自我效能对于持续参与网络游戏的意图有直接效果的影响，消极自我效能则对于线上游戏娱乐和持续参与意图都无影响。由此可见，大学生对自己网络游戏能力的评估，应是决定其是否投入网络游戏以及投入多少时间的一个重要因素。这似乎也吻合了一种对玩网络游戏学生常见的看法：他们可能是因为在现实生活中遭受了挫败，从而产生低自我效能，进而借由投入网络游戏来获得成就感。

（5）网络游戏成瘾的出现，家庭也有不可推脱的责任。家庭环境是影响个体心理品质的一个极其重要的因素。家庭环境的影响集中体现在父母对子女的态度和教养方式上。大量研究表明，网络成瘾大学生的父母教养方式缺乏情感、温暖、理解，更多的是拒绝否认和惩罚严厉。由此可见，不正确的家庭教养方式是导致大学生网络游戏成瘾的一个重要因素。

（6）学业成就表现。在目前对大学生所做的网络研究中可以发现，学业成绩与网络游戏成瘾有很大的关系，学习成绩越差的学生，越容易网络游戏成瘾，我们推测，可能是因为成绩差，所以得不到老师的肯定和关注，造成内心一定的失落感；与此同时，他们在网络游戏中体验到了成功，觉得找到了自身价值，所以更容易沉迷与网络游戏中。同时，网络成瘾高危险群使用网络的时间过长，也会耗费大量学习时间而耽误其学业。

由此可见，大学生身心发展具有不平衡性，个性发展具有主观片面性，生理上的成熟使他们在心理上产生成人感，希望获得成人的某些权力，找到新的行为标准并渴望转换社会角色。然而由于他们的心理水平有限，身心处于一种非平衡状态，许多想法无法实现、产生挫折感。主观上的偏执又使得他们总认为自己正确，听不进他人的劝告，感到他人似乎在用挑剔的态度对待自己，他们情绪情感丰富、敏感，暴躁与温和并存，压抑、孤独、逆反、烦恼增多。而网络游戏的匿名性和角色混乱特点则可以帮助他们释放心中的不快，缓解压力，随心所欲地扮演自己希望的角色，这种无拘无束的感觉暂时缓解了现实发展中的矛盾，因而沉溺其中。

不可否认，网络游戏已经是大学生娱乐生活的一个重要组成部分，预防大学生网络游戏成瘾的关键不在于禁绝网络游戏，而是在于如何引导大学生们正确对待网络游戏。造成大学生网络游戏成瘾的原因是多方面的，并且各种因素不是孤立地存在，而是相互交织在一起，共同造成大学生沉迷于网络游戏。因此，在制订预防网络游戏成瘾的措施时，应当全面考虑各种因素和它们之间的关系，才能取得良好的效果。

（二）手机成瘾

学生作为智能产品的积极拥护者及体验者普遍拥有智能手机，手机在其学习、社交、休闲娱乐等诸多方面应用广泛。大学生已成为“手机族”最忠实的代言人，校园里应运而生的“低头族”“拇指族”随处可见。

手机成瘾是一种类似于网络、游戏成瘾的、过分利用现代技术所致的行为成瘾，具体而言就是由于某种动机过度地滥用手机而导致手机使用者的心理和社会功能受损的痴迷状态。国外学者预测，手机成瘾将会是 21 世纪最重要的非药物成瘾类型之一。手机成瘾影响大学生的心理健康，如脱离现实环境导致人际关系冷漠、抑郁、焦虑等不良情绪；削弱学习动机、耗费学习时间，迷失自我奋斗目标；过度消费会助长攀比心理；也容易引发躯体不适，如失眠、眼疲劳、拇指病、颈椎病等。智能手机是一把双刃剑，它方便了人们的生活，但是它也造成了许多社会问题。

大学生手机成瘾的原因与网络游戏成瘾的因素大致相似，除使用者性格特质及手机本身的性能特点外，与大学生所处的人生状态也关系极大。大学生正处于自我成长的一个矛盾阶段，当现实的自我与理想的自我不一致时，焦虑与不安需要释放出来。手机具有智能性、便携性等特点，手机的社交、游戏、娱乐等功能可以排解大学生的焦虑。手机独有的特点恰好满足了青年大学生的心理需求，成为他们排遣孤独、消除苦闷的最好工具。在社交或学习中遇到困难的大学生，由于在现实生活中缺乏有效的社会支持，而产生孤独感，手机便成为他们寻求情感慰藉、回避孤独的“朋友”，长期的手机使用，形成了手机依赖。

现实中，对手机的过分依赖已经严重地影响了大学生的学习与生活，手机成瘾这个社会新问题，也逐渐成为社会高度关注的焦点之一。开展有益于大学生身心健康的校园活动，增进大学生之间的交流，提高大学生社交技能，可以有效降低大学生的孤独感受。就大学生自身来说，大学生处于成年初期，依然缺乏良好的自我控制力。为了提高自我控制能力，首先，大学生需要增强认识自我，了解个人喜好及自己的优缺点，树立自信，合理地掌控自我、悦纳自我；其次，大学生需要制订科学合理的学习计划，安排近期目标及远期目标，尽早为自己的职业生涯做规划；再次，通过意志努力调节自我行为，坚定学习态度，养成良好的学习习惯。此外，运用榜样的力量，当遇到困难时，大学生可以通过榜样来激励自我。

三、网络综合征的危害

网络给大学生带来了方便和欢乐，但是与此同时，也给他们的身心健康带来了危害，最常见的就是染上“网络综合征”。网络综合征的危害表现如下：

1. 荒废学业

上网时间经常都超过自己的预期，甚至整夜地游荡在虚幻的环境中，到上课时则昏昏欲睡，对学习提不起兴趣；不上网时会心慌、烦躁、情绪不稳定等，学习效率和质量明显下降，甚至出现厌学、逃课、辍学等极端现象。

2. 身心健康受损

电脑和手机显示器产生图像时伴有辐射和电磁波，电脑的低能量的 X 射线和低频电磁辐射，长期使用必然有不良影响。由于沉溺于网络游戏、聊天等而出现情绪低落、生物钟紊乱、思维迟钝、自我评价降低和能力下降等，严重的甚至产生自杀意念和行为。

3. 与现实生活脱节

患者大都性格内向、敏感、抑郁和缺乏社会交往，平时往往因缺乏自信而采取回避行为。他们把“网络社会”作为现实生活的避风港，把上网作为自己发泄情绪的工具。

四、沉溺网络对身体的危害

大学生若长期沉迷于网络，除了会对心理造成严重的影响，还会对生理造成一定的损害。

（一）沾上“鼠标手”

“鼠标手”是一个新兴医学名词。每天重复在键盘上打字和移动鼠标，易引起“腕管综合征”，俗称“鼠标手”。其主要症状表现为正中神经分布部位出现感觉异常，主要是拇指、食指、中指掌侧，随症状加重，患者会在夜间出现疼痛和感觉异常，如果症状持续发展，则可能引起皮肤感觉缺失和鱼际肌力减退。

为了预防“鼠标手”的形成，平时应养成良好的坐姿习惯，不论工作或休息，都应该注意手和手腕的姿势。使用电脑时身体应正对着键盘，避免手腕过度弯曲紧绷；把椅子调整到最舒适的高度，坐下时使双脚能正好平放在地面；保持手腕伸直，不要弯曲，但也不要过度伸展；肘关节成 90°；注意间断休息，做做手指关节的伸展活动，还可以让手泡泡“热水澡”。

腕管综合征的治疗可采用热疗、按摩以及充分休息（3 周左右），特别要减少引起疾病的手工劳动。采用舒筋活络的中药进行熏洗，也有一定的效果。局部封闭治疗，可使早期腕管综合征得到缓解。上述方法治疗无效或反复发作时，应做腕管切开手术，在腕关节镜下进行微创治疗。

（二）患上角膜炎、结膜炎

大学生一旦迷恋于网络，他们在电脑前的时间就会变长，少则 4、5 个小时，多则 10 多个小时，不少人患有角结膜干燥综合征，即我们所说的干眼症。这种症状产生的原因是眨眼次数减少。一般来说，眨眼间隙的正常时间大约是 5 秒，而那些长时间在电脑面前的人，注意力高度集中，一直注视着电脑屏幕，眨眼时间可达 30 秒甚至更长。这样一来，保护人眼球的泪水就会被蒸发，导致眼睛的角膜和结膜干燥，引发角膜炎、结膜炎等一系列眼部疾病，尤其是处于空调环境或配戴隐形眼镜的人，干燥症状更加明显。

预防干眼症，保护好眼睛，最好的方法就是在使用电脑时，有意识地缩短眨眼时间间隙，或者隔一小时就完全闭眼休息、看看室外的绿色植物等。如果戴有隐形眼镜，最好取下隐形眼镜再使用电脑。另外，在长时间使用电脑之后，休息期间可以用热毛巾局部敷眼，如果已经患上干眼症且程度比较严重，要在医生的指导下使用人工泪液，不要滥用各种眼药水，这样可能会导致正常的泪液成分出现异常，使症状进一步加重。因此，在使用电脑时要注意劳逸结合，注意远眺，同时，也要注意室内的光线，光线不足也会影响眼睛发育。一旦发现眼睛有问题，要及时到正规医院进行眼部检查。

（三）造成脊椎变弯错位

目前就医院门诊接待的颈椎病人来看，其年龄越来越低龄化，很多人不过是 20 多岁，却得了这种老年病。这是因为年轻人长时间不正确的姿势，导致颈椎发生病变，而使得年轻人长时间保持不正确姿势的主要原因就是他们使用电脑的时间越来越长。卫生部门的一项调查显示，每天使用电脑超过 4 小时，81.6%的人的脊椎都出现了不同程度的侧弯。脊椎侧弯是指在两脚长短差距大于 0.3 厘米时，全身脊椎有 3 个以上脱位。长时间使用电脑的人脊椎侧弯部位主要是上段胸椎和肩胛骨。脊椎错位不但会使关节失去功能，影响灵活性，而且会出现胸闷、脖子痛、腰痛、膝痛、脚麻等全身不适的症状，严重时更会造成心肺等器官功能的衰退。

（四）可能诱发癫痫

据网上新闻报道，一位大学生连续玩了 10 个小时的网络游戏之后，忽然感到头疼、恶心、视线模糊，最后全身抽搐，送到医院抢救后，被确诊为“光敏感性癫痫”。据医院统计，近年来由于长时间使用电脑或手机、看电视或者打游戏机等引发的癫痫病例不在少数，患者年龄大多为 20～40 岁，研究表明，大脑皮层异常兴奋会引起癫痫发作，诱发因素也有很多种，包括兴奋、疲劳、光刺激和气味刺激等。其中，由光刺激诱发的癫痫在医学上被称为“光敏感性癫痫”。1997 年的日本儿童集体癫痫发作事件是这类疾病最有名的事件了。当时电视台播的《口袋妖怪》，其画面强烈闪烁，色彩也急剧变化，造成 700 名儿童癫痫发作。之后，医院也陆续接到因玩电子游戏而癫痫发作的青少年病患。

五、网络综合征的戒除

网络有很多积极作用，大学生在使用网络时关键就在于要把握好一个度，即每天的上网时间不要超过 3 小时，而且对待网络要有良好的心态，有一个正确的认识。上网要有良好的动机和目的，就大学生而言，上网无非是为了开阔视野、增长知识和扩大交往面，而不是将自己沉迷于虚拟世界，发泄情绪。同时要学会自我调节、自我控制，要懂得现实与虚拟世界的区别，舍得放弃网络上那些虚拟的东西。此外，大学生还要注意丰富自己的业余生活，如积极参加学校活动、旅游、运动等，不能陷入“非上网不可”的陷阱。戒除网络综合征具体应从以下几方面做起：

（一）对大学生的思想政治进行干预

大学生上网成瘾是一种心理依赖和行为习惯，这是由于过度使用网络而产生的。为了预防与戒除网络综合征，高校应重视辅导员、导师等的育人工作，加强对学生思想政治工作的教育力度，分析大学生的思想与性格特点，加强与沉溺网络的学生的沟通与交流，选择适当的时机加以思想引导，充分发挥他们自身的积极因素、克服消极因素。另外，高校教师还应积极借助思想政治理论课和人文素质教育活动等平台，加强对沉迷网络的学生的理想信念教育，帮助他们树立为国富民强、社会发展、人民幸福而努力奋斗的远大目标和崇高理想，引导大学生正确认识和使月互联网，学会正确处理人际关系，提高自身的社交能力、实践能力和创新能力，增强大学生对现实生活的自我效能感，以适应不断变化的社会环境，培养他们对网络使用的自律与自控能力，从而减轻和缓解对网络的过分依赖。

（二）对大学生的心理干预

网络综合征是一个由最初的好奇发展到最终的心理与行为依赖的过程。可见，心理因素在网络综合征的形成过程中起到了重要作用，可以说，戒除网络综合征的过程也是心理“脱敏”的过程。因此，高校应加强对此类学生的心理教育、咨询与治疗。

首先，应加强对大学生的心理教育，使他们学习与了解网络综合征给身心健康、学业等带来的负面影响，引导他们正确认识与处理学习、生活中的各种压力和烦恼，合理安排作息时间，培养他们在现实生活中的人际交往能力，而不是通过网络寻求逃避或暂时解脱。其次，应建立心理咨询机构并配备专门的心理咨询教师，辅导员应及时了解学生网络使用的情况与心理特征，运用成熟的网络综合征测量量表定期对大学生进行初步测量，不仅可以帮助大学生了解自己对网络的依赖程度，还可帮助学校及时了解大学生的网络使用情况，建立完善的网络综合征监管档案；有心理问题的学生可以通过现场咨询、电话咨询、网上咨询等途径获得专业的心理咨询，帮助学生纠正认知的偏差，解除心理的困惑以提升信心和勇气。最后，对一些网络依赖程度较严重的学生，教师应采用心理学的专业手段和科学方法进行心理辅导、监控等心理治疗，改善或消除此类学生在学习、工作或生活中因各种不适所引起的认知迷茫、情感困惑、意志消沉等不良心理状态，有效降低沉溺网络的行为的频率甚至消除行为本身。

（三）对网瘾大学生的体育干预

网络综合征是一种心理与行为过度依赖的综合征，饮食不规律、睡眠不足、缺乏体育锻炼等是导致患有网络综合征的大学生身体机能与身体素质水平下降的主要因素。大学生长期长时间上网会使身体处于僵化状态，相对固定的部位有头部、腰部、手臂与腿部等，其后果普遍为视力下降、肩周炎、颈椎病、腰椎间盘突出等病症。沉溺网络严重影响了大学生体质健康，大量研究证明体育锻炼是促进心理健康的有效手段之一。近年来，部分学者充分利用体育锻炼的心理效应来改善大学生的心理健康，进而达成对网络综合征的有效干预。对患有网络综合征的大学生进行心理干预和运动干预是比较有效的措施，综合运用心理和运动这两种干预措施效果更为显著。大学生之所以网络成瘾，往往是由于长期的情绪低落、烦躁及压抑等心理特征，而体育运动由于其竞争性、多样性等特点，可给人带来自尊、愉悦的心理体验，使人从中感受到满足。有研究认为，通过体育运动来缓解大学生网络成瘾的症状，不仅能有效改善他们的成瘾症状，还能在一定程度上提高他们的心理健康水平。

鉴于体育锻炼对网络综合征的良好干预效应，建议高校加强校园体育文化建设，完善体育场地设施和器材，为大学生提供更多的活动空间。高校应建立网络综合征干预和戒除组织，配备体育与心理专业教师，对相关学生进行团体的、有计划的体育运动干预。在进行体育锻炼干预的过程中，首先，要激发大学生的兴趣，以讲座的形式开展运动心理健康知识的讲解，提升大学生对体育运动的认知，并选取合适的运动项目对大学生进行持续的指导性训练，促使他们养成自主运动的习惯。其次，探索体育运动和心理治疗相结合的治疗手段。如：爬山、竞赛、游戏等，在体育运动与心理治疗的良性互动下，提升大学生摆脱网瘾的效果。最后，以“运动成瘾”替换“网瘾”。对于个体来说，网络与运动给我们带来的心理体验和本能刺激是相通的，均是一种能量，这种能量可以转移和替换。在特定的环境中，患有网络综合征的学生可以学会正常处理人际关系及培养团队精神，形成积极有效的自我价值感，减少空虚和释放压力，并在活动中展现自我、发挥特长，培养学生的自主意识和创新精神，从而转移或缓解其对网络的依赖心理。

（四）利用大学生朋辈群体进行引导教育

朋辈辅导是一种分享式的自我教育模式，主要指具有相同背景的人通过彼此间的分享来实现教育目标的一种教育方法，涉及信息、观念或者行为技能等方面。大学生群体由于其共同的生活空间和时间，使得朋辈群体间的交往最为频繁，当遇到挫折和困难，他们更愿意与关系平等、有着相似经历和价值观的朋辈群体进行交流，吐露心声，网瘾大学生也是如此，比起家长和老师，他们更加愿意相信身边的同学或朋友。因此，将朋辈教育作为大学生网络综合征的戒除手段或工具是十分必要的。首先，按照一定比例选拔符合条件的优秀大学生，组成朋辈辅导工作小组，建立起多级朋辈辅导工作网络；其次，对朋辈辅导工作小组的成员进行系统培训，保证他们了解网络综合征的相关知识，掌握辅导大学生摆脱网络成瘾症状的技能；再次，要搭建多种平台，组织多种活动，创造朋辈辅导工作成员与患有网络综合征的大学生的接触机会，通过互动来影响他们；最后，朋辈辅导小组成员也要保持与一线教育者的联系，以及时了解和掌握患有网络综合征的大学生的最新动态，为网络综合征防治工作提供参考。

（五）丰富人文关怀内容

对于大学生来说，他们过分依恋网络的具体原因是他们在学习生活或者就业中的自卑感和无助感。因此，减少他们对网络的依赖，就是要减轻他们的这种自卑感和无助感，增强对他们的人文关怀。学校除了要营造温馨和谐的校园文化，还要大力加强对学生的生活补助、学业帮助和就业援助等工作。具体而言，戒除大学生网络综合征要做到这几点，首先，完善贫困学生救助制度，帮助贫困学生解决生活压力，增加他们生活的信心和勇气；其次，组建学习帮扶小组，对于那些因网络成瘾无法正常完成学业的大学生，可以组建由专业课老师、辅导员以及优秀学生组成的课下辅导小组，帮助他们提升学习兴趣、掌握学习方法、提升学习效率；最后，加强职业指导和技能培训，大多数大学生对于自己的未来没有进行规划，也不明确自己的职业意向，对于这部分学生，要辅导他们制订好职业生涯规划，掌握相应的求职技能，同时积极拓宽就业渠道，帮助他们顺利实现就业。

（六）注重内治，鼓励大学生“三自”教育

大学生网络上瘾的内在原因是追求自身心理需求的满足，只有让大学生自己认识到网络综合征的危害，才能真正戒除网络上瘾。中共中央国务院《关于进一步加强和改进大学生思想政治教育的意见》指出：“要充分调动大学生的积极性与主动性，引导他们自我教育，自我管理，自我服务。”“三自”教育的提出符合社会的发展，迎合了个体发展的需要，也提出了对大学生网瘾防治工作的要求。在采取外部防治措施的同时，鼓励大学生进行“三自”教育，有利于实现内治与外治的统一，从而更全面地防治网络综合征。

1. 强化自我教育

苏霍姆林斯基提出：“一切教育之中，最高级最有价值的是自我教育。”自我教育的前提是要正确地认识自己，沉迷于网络的大学生应该对自己进行正确的认识，了解自己真正的需求，明白自己网络上瘾的原因。在此基础上，自己要加强反省，增强自控能力，并进行心态调整来化解自己需求与现实社会中的冲突。同时，还要积极配合老师的网络综合征戒除工作，发展自己的兴趣爱好，积极参加社会实践，让自己在忙碌的生活中过得更加有意义，从而逐渐摆脱网络综合征。

2. 注重自我管理

自我管理，顾名思义就是自己对自己进行管理，也是实现自我发展的必要条件。一般来说，大学生网络成瘾的原因之一是他们的自我管理能力较弱，防治或者戒除网络综合征，就要通过教育来引导他们树立自我管理意识，让他们明白自我管理的重要性。大学生自我管理的内容主要有三方面：目标管理、时间管理和压力管理。目标管理就是要大学生确定一个切实可行的目标，通过对自己有个全面的认识和利用身边的资源，来实现自己制定的目标。时间管理就是指大学生在完成自己目标的过程中，要有科学的时间观念，合理安排自己的生活和学习，注重劳逸结合，充分利用有限的时间，实现最大的目标。压力管理则是指大学生在遇到压力时，要调整自己的心态，正确认识压力，学会将压力转化为动力。要戒除网络综合征，自身应努力从以下几方面做起。

（1）制订计划，保证规律的生活作息，不要把网络当成逃避现实的场所。

（2）上网目的要明确，选择性地浏览自己需要的内容。

（3）上网保持正确的心态，不要过分投入。

（4）上网时间不宜过长，上网之前先限定时间，娱乐有度，不可过于痴迷。比如你需要上网 1 小时查阅资料，那么先定个 40 分钟的闹钟，如果闹钟一响任务完成，那就关掉电脑，切记不能自我放纵。

（5）一旦发现自己网络上瘾，要迅速就医，求得心理帮助。青年大学生处于风华正

茂、智力水平顶峰时期，是学会做人、掌握做事本领的黄金年龄，更要严于自律，以免成为网络的牺牲者。

3. 提升自我服务

自我服务是通过为他人和社会的服务来体现的，患有网络综合征的大学生应该积极参与社会实践和心理咨询，通过加强与他人的互动，在服务他人的同时忘记网络，丰富自己的精神世界，实现自我价值，慢慢摆脱网络综合征。

大学生肩负着伟大的使命，任重而道远，在掌握好扎实的理论知识的同时，必须保持健康的心理和体魄。面对复杂多变的虚拟世界，如何正确把握、洁身自好，“取其精华，去其糟粕”，是值得我们深刻思考的问题。

第六章　大学生社交安全管理

人的存在一定意味着社会交往的存在。在现实生活中，良好的人际关系能缓解人与人之间的矛盾和隔阂，消除潜在的不良因素。大多数纠纷、冲突的引发原因是人际关系的不当处理，如果人与人之间能够以礼相待、以诚相处，那么发生矛盾、冲突的概率将会大大降低。我国各类高校作为青年大学生汇集的主要场所，应帮助青年学生学习和掌握一些必要的关于社会交往方面的知识理论及方法，这对大学生心理健康成长起着重要的不可或缺的作用。

第一节　人际关系概述

自人类社会形成以来，人就是群居性动物。在远古时代，没有他人帮助、互相扶持是很难生存的；在现代社会，没有团队协作、互相帮助是不能成功的。人际关系的处理是一种能力，可以折射出一个人的道德品质和心理素质修养。

一、人际关系的概念

人际关系这个词是在 20 世纪初由美国人事管理协会率先提出的，也被称为人际关系论，1933 年由美国哈佛大学教授梅约创立。在此基础之上，而后的 50 年中，各种关于人际关系的理论层出不穷。现今对人际关系的定义也因不同的学科而异，心理学将人际关系定义为人与人在交往中建立的直接的心理上的联系。中文是指人与人交际的总称，也被称为“人际交往”，包括亲属关系、朋友关系、学友（同学）关系、师生关系、雇佣关系、战友关系、同事及领导与被领导关系等。人是社会性动物，每个个体均有其独特之思想、背景、生活态度、行为模式及价值观，同时人际关系很大程度上影响着每个人的情绪、生活、工作，甚至对组织氛围、组织管理、组织运作、组织效率及个人与组织之间的关系也有极大的影响。

从社会学的角度对人际关系进行界定，即两个或两个以上的个体通过各种媒介进行思想、行为的相互作用时所形成的相互关系的总和。人际关系存在于社会关系之中，与人们的社会实践活动密不可分，能够体现出人们在不同社会实践活动中所形成的不同人际关系。这个概念可以从三个方面理解：首先，人际关系体现了人与人互动交流过程中心理关系的协调度、融洽度和亲密度；其次，人际关系的三种心理组成成分为认知、情感和行为；最后，人们的不断交往一定程度上促进了人际关系的建立和发展。

从人际关系的本质来看，主要包含以下内容：第一，人际关系之目标乃是要确保人生幸福、组织和谐、社会安定与世界大同；第二，建立良好人际关系的基础是从个人品德修养出发，按部就班，做好自我再推己及人，扩展于团体之中；第三，人和环境相互互动，人际关系会因环境的改变而产生改变，因此人际关系的状况会受环境影响；第四，不同角色发挥和秉持不同的功能与态度，人在多变的环境中应先找准并定位自己的角色，再设定相符的人际关系；第五，人际关系的进行需遵从团体规则，此规则大略包含法律、礼节、道德、行为四方面的准则。

二、人际关系的分类

按照标准的不同，人际关系的分类也有诸多不同：

以人际关系的纽带为标准，可以分为血缘、地缘、业缘关系。血缘关系是由婚姻或生育而产生的人际关系。如父母子女关系、兄弟姐妹关系，以及由此而派生的其他亲属关系。它是每一个人与生俱来的关系，在人类社会产生之初就已存在，是最早形成的一种社会关系。马克思早前就表示过“家庭起初是唯一的社会关系”。地缘关系则是指以地理位置为连接点的人际关系，由于在一定的地理范围内共同生活、活动而交往产生的人际关系。如同乡关系、邻里关系。故土观念、乡亲观念就是这种关系的反映。而业缘关系是人们因职业或行业的活动需要而结成的人际关系。如行业内部的领导与被领导关系、上下级关系和同事、同级关系，行业外部的彼此合作关系、伙伴关系、竞争关系、制约关系等。

以人际关系的状态为标准，可以分为亲密和非亲密关系、利害与非利害关系、和谐与对立关系。亲密关系指的就是特殊的朋友，更加要好，更加融洽、依赖、信任，更加愿意倾听倾诉心里话。而非亲密关系则与之相反。利害关系，顾名思义就是取决于利害的关系，利害关系无处不在，有利便有害，二者是一个不可分割的整体，二者不能被单独分割开来，他们是辩证统一的，非利害关系则与之对应。和谐关系指的是社交过程中人与人之间的和谐相处互动。对立关系即人际交往主体都在既定的机会中寻求各自利益、地位的最大化，甚至不惜损害对方。

以人际间的思想为标准，可以分为道德、法律、政治关系等。道德关系属于思想的社会关系，这种关系不仅是主观的，也是客观的。它的形成和维系都由人的道德价值观念支配，并以处于这种关系中的人们有无相同的道德价值观念为转移；同时，社会的经济关系也起着一定的决定作用，它所涉及的那种作为既成的社会法则的道德准则和道德活动，都不以个人意志为转移。法律关系是在法律规范调整社会关系的过程中所形成的人与人之间相应的权利与义务关系。如企业与职工依法订立劳动合同后，就构成了双方的劳动法律关系。法律关系的构成三要素是法律关系主体、法律关系内容（权利义务）

和法律关系客体。政治关系指人们在社会生活中，基于特定的利益要求和利益关系而形成的，以政治强制力量和权利分配为特征的社会关系。它是政治角色之间的相互作用和影响，是现实政治的属性，也是一种客观存在。它是阶级社会中人类政治活动的必然产物，社会的特定政治关系一经形成，就反过来规约人们的政治行为。

以人数的多少和规模的大小为标准，可以分为两人之间的关系，个人与群体、组织的关系、组织与组织的关系；以人际关系的基本倾向为标准，可以分为主动型和被动型的关系。

三、人际关系的特点

社会主义市场经济的发展要求人际间的交往应当超越亲缘群体，人际交往的范围也在逐渐拓宽，极大地强化了人际关系的社会性，交往心理也在不断地发生变化。归结起来，传统人际关系主要有以下特点：第一，个体性。在人际关系中，角色退居到次要地位，而对方是否是自己所喜欢或愿意亲近的人成为人际关系的主要引导。第二，直接性。人际关系是人们在面对面的实际交往过程中形成的，参与交往的个体可真实地感受到它。人际关系的产生是需要直接的接触和交往的，它一经建立，肯定会被人们直接体验到。第三，情感性。人们相互间的情感活动是人际关系的基础，而且情感因素还是人际关系的主要成分。如果人们在心理上的距离比较近，那么他们会感到心情舒畅。人际间的情感有两类倾向：一类是使彼此相互接近和吸引的情感；另一类是由于矛盾而感到的孤立和抑郁的情感。

上述针对人际特点的分析主要是就整个社会群体而言的，在本书中，笔者试图着重分析高校大学生人际关系的特点。就现实情况而言，学生在进入大学后，学习压力顿减，他们迫切地想要“脱离书海”，融入社会，开始全新的社交旅程，结识更多的人，接受更多的思想，获得更多的信息。另外，网络技术的快速发展，极大地拉近了人与人之间的距离，为大学生的社交活动提供了方便和载体。在此背景下，网络越来越深入人们的工作和生活。大学生是网络使用群体的一个重要组成部分，通过网络，他们接触到了前所未有的广阔空间，更加有效地获取信息、学习知识、交流感情、了解社会。但与此同时，由于缺乏社会经验，对信息的鉴别能力、处理能力和自控能力不足，大学生在面对复杂的网络世界时，往往不能够合理地处理好相关问题。在上述心理作用和现实情况下，大学生的人际交往问题呈现出以下特点：

1. 开放性

随着进入大学，脱离了管理森严的高中，大学生交往的范围扩大了，交往的频率增加了，交往的方式变多了。在小学、初中的时候，他们的交往对象主要是家长、亲戚、同班同学、室友等；而进入大学之后交往的对象则主要是大学同学以及在社团活动、学生组织、科研实践中认识的形形色色的人，虽然交往主体仍然是学生，但已经不局限于同寝室、同班级的同学，而是发展到同级、同系、同校甚至是其他学校的学生。此外，交往也不仅仅拘泥于同性之间，异性之间的交往已成为一种常见的社交行为。相比于初高中，交往频率也有大幅度提升，在初高中时由于学业压力重、老师盯得紧、家长管得严，同学之间虽然朝夕相处然而交流却不多；进入大学之后，同学之间经常性的聊天、聚会、举行文娱等社交活动，这些开放的平台给了大学生极为广阔的社交空间。交往手段也发生飞速的变化，从以前的课堂纸条到现在的QQ消息，从以前的纸质书信到现在的电子邮件，从原来的互访、通信等转向现代化的通信设备。交往工具、交往场所、交往手段的发展变化使大学生可以进行更方便、更快捷的人际交往。交往范围也基本上摆脱了距离的限制，可以扩展到全国各地甚至国外。

2. 虚拟性

交往方式虚拟化、匿名化。基于网络技术发展起来的网络社交与现实当中的人际交往还存在着很大的不同，它是以"人—机—人"的虚拟模式完成的。由于存在着机器的遮掩，这种交往是否属于完整意义上的社交行为在学界尚有争议，然而不可否认的是，这种交往模式已经成为当代大学生的主要交往模式之一。网络信息传播技术模糊了现实世界与虚拟世界之间的界限，使得人们以数字符号的形式在网上出现，从而掩盖了在现实交往中备受关注的性别、年龄、相貌、职业等个人特性，由此形成了虚拟社会中人与人交往的特有形式。人们在上网的过程中，不用担心暴露自己的姓名和真实身份。但是正因为如此，网络社交现在成为违法犯罪的重灾区。它本身的虚拟性、匿名性等特征给犯罪分子提供了可乘之机，因此间接导致形形色色的社交违法犯罪行为，大学生则首当其冲地成为网络犯罪的主要受害群体。

3. 浅层化

此即交往有广度而缺少深度。当代大学生的社交活动虽然都比较广泛，但由于很多大学生是独生子女的缘故，他们个性强、自我倾向重，在人际交往中往往小心翼翼，结交的朋友也多为"点头之交"。大学生对自己的社交能力和人际关系的评价普遍也不高，尽管心理上想主动与他人交往，并注重社交知识的学习，但实际效果却并不理想。这与大学生的社交目的趋于"理性化"是有一定关系的，选择什么样的人交朋友，并不像初高中那样，只是单纯地出于情感上的志同道合。大学生交往的动机慢慢变得复杂，交往时越来越注重与自身利益的相关性，从而呈现出情感与利益并重的情形。

第二节　正确处理人际关系

正确处理人际关系，不是故意讨好，对别人曲意逢迎，而是要经过精心的培养。青年大学生社交范围广阔，为了能让自己学习生活得更愉快，有必要学会与周围的人们建立良好的人际关系。

一、影响人际关系的主要因素

影响人际关系的因素有很多，无法一一进行列举和叙述，这里选择了对人际关系有主要影响的因素进行具体阐述。

（一）认知偏差的影响

在人际交往中，如果没有正确的认知（即认知出现偏差），那么就会影响人与人之间的正常交往。认知偏差主要有两种：一种是对自我认知的偏差，另外一种是对他人认知的偏差。对自我认知的两种偏差，一是过高评价自己，孤芳自赏；二是自我评价过低，自轻自贱。如果对自我的认知产生不正确认识就都会影响人际交往。一般地说，人们大都对自己拥有的财富感到不满足，却很容易看重自己的聪明。孤芳自赏者往往过高地评价自己，过分相信自己的聪明从而导致恃才傲物，对不如己者嗤之以鼻，恶语相向，以己之长量人之短，以己之聪明衬人之愚笨，或者对别人的所作所为和喜好不屑一顾，不屑与之交谈。如此待人，谁会与之交往？人们只会避而远之。高估自己会影响交际，自我贬低亦会如此。看不到自我的价值，自轻自贱，与人交往唯唯诺诺，认为自己这也不好，那也不行，缺乏主见，看别人眼色行事，见到上级点头哈腰，与同事交往，怕别人笑话，碰着邻里总赔着不是，与朋友相聚，总觉得自己低人一等，这些其实是自卑心理在作祟。自卑则无自信，无自信则轻视自己，轻视自己则行为畏首畏尾，神情黯淡，一脸怯懦，说话闪烁其词。这类自轻自贱者，其实是想以自己的行为来博取人们的同情，可事与愿违，人们往往更加不愿与之交往。

对他人的认知偏差包括三种：一是以貌取人；二是以成见待人；三是哗众取宠，缺乏主见，人云亦云，没有自己的性格特色。这三种认知偏差在人际交往中表现有所不同。以貌取人常表现为对人的第一印象，两个素未谋面的人初次见面所形成的印象即为第一印象。这种印象主要来自对方的神情、姿态、身材、仪表仪容、年龄、服饰等方面的印象，它往往决定一个人对其他人的认知。社会心理学实验结果显示，人们更容易重视初次印象，往往不大注意或容易忽视后来获得的信息。如果第一印象好的话，就会对以后的信息起到掩饰作用，产生正向优先效应，认为此人各方面都不错，于是就会喜欢、信任并与之接近；反之，如果第一印象就不好，则其缺点就会在以后的认知中受到更多重视，甚至把优点也当作缺点，产生负向优先效应，对其行为总是感到不尽如人意，于是排斥、疏远、嫌弃此人。这种只关注表面不注重内涵的认知倾向容易造成对人认知的失误，从而影响人与人之间的交往。日常生活中常有“久闻其名，未见其人”的事，也可认为是一种对人认知的偏差，可称之为以信息取人。在很多时候，交往对方在未开始交往时，双方或其中一方对另一方就已经了解了一些信息，从而对对方产生一种先入为主的印象，也会造成认知上的偏差。人际交往中，正确认识他人也是在正确认识自己，知己知彼才能构建和谐的人际关系。同时也要正确认识双方交往的目的、内容和方法，否则交往最终也会中止。例如交往动机不纯，为了达到某种私人目的，一旦达到目的，交往活动也就随之而终结。

（二）情绪失控造成人际交往的障碍

情绪，人们常称之为情感的外在表现。它是人际交往中极为重要的一部分。在交际过程中情绪常常被隐藏，它是一种心灵的无声交谈。交往中，若情绪状态不稳定，则会直接影响交际质量。例如，在取得某些成绩或被人羡慕的情况下，沾沾自喜，得意之色溢于言表，每遇他人唯恐别人不知，言语之中洋洋得意，表情眉飞色舞，甚至教导别人应该怎么样，等等，往往导致别人的反感而不愿与之交往。与人交往，得意忘形不会招人待见，因为没有人愿意与高傲狂妄的人合作共事。同样，失意忘形留给别人的印象也并不美好。我们难免会在生活中遇到种种困难、挫折、不幸，一个人若愁肠满腹，忧形于色，整天愁眉苦脸，那么人们会认为其过于脆弱，缺乏自制，给予他的只有怜悯或同情，而不会把他作为知交为他分担不幸。如果一个人遭遇到不公平对待而大发雷霆，迁怒于人，人们只会认为其浅薄，缺乏内涵，那么人们连怜悯或同情也不会给予他，他只会得到别人的轻蔑，又何谈与人交往？情绪表达不知分寸同样也会影响交往，例如不分场合、不看对象、不知轻重恣意妄为，情感反应过分激烈，人们产生的印象就会是轻浮、狂妄或动机不纯等，让人对其顿生轻薄之感而不愿与其接近；反之，一个人若对喜、怒、哀、乐或对能引起情感共鸣的事无动于衷，反应冷淡，就会给人以冷漠无情的感觉。试想，一个人若永远是一副故作深沉、不谙世事的面孔，有谁愿意与你交往呢？生活中充满了矛盾，人们的交往活动同样如此。当交际活动中有了矛盾时，急躁不安，冲动行事，情绪失控，怒从心中起，恶向胆边生，剑拔弩张，如此态势，结果只会恶化人际关系。

（三）态度对人际交往的影响

态度是人们对一定对象较一贯、较固定的综合性的心理反应倾向，它不是某种心理过程而是全部心理过程的具体表现，认知、情感、动机同时在其中起作用。态度形成于人际交往中，对人际交往也会产生影响。在人际交往中，态度给交往一方造成心理压力，因为态度总是指向并倾注于某个对象，给人一种压迫感。如态度和蔼、真诚、坦荡，会给人以安全感，人们自然亲之近之；反之，态度圆滑、缺乏诚意、狂妄会使人有危机感，人们当然疏远。有的人在别人面前表现出自以为是的态度，对别人轻而视之，即使有求于人也表现出一副考验别人的架势，长此以往，只会让人反感；有的人则缺乏真诚，如评价别人一味吹捧、阿谀奉承，极尽吹拍之能事，或者当面一套，背后一套，只会让人感觉虚伪；有的人只喜欢听好话，对批评、建议不屑一听，甚至不满，以这样的交往态度，长此以往，别人避之唯恐不及，谁还敢与你接近，更别说交往？哲学家斯宾诺莎说世界上没有两片完全相同的叶子。人与人之间由于家庭、环境、教育等因素不同而存在种种差异，在人际交往中，若对文化、身份、地位低的人持以轻视、看不起的态度，这只会导致相互间的隔阂与对立。事实上，如果一个人看不起别人，也一定会被人看不起甚至遭人唾弃。《孔子家语》写道："水至清则无鱼，人至察则无徒。"一个文化、身份、地位较高的人，由于自己各方面自律严谨，有时就易推己及人，认为别人也应像自己一样，于是对别人的行为总是嗤之以鼻，不懂得包容接纳别人，待人之“弦”绷得过紧，缺乏一定的弹性，就会使人与人之间的关系变得僵硬，和谁也处不好。每个人都有自己的生活方式、行为习惯，这并非是缺点或不足，当你不喜欢别人的行为方式和习惯时，大可不必表示鄙夷，留一点心灵的空间，容纳别人，善待别人，你得到的不仅是朋友，还有精神上的愉悦，因为你对别人表示了理解。

（四）语言对人际交往的影响

人际交往中，语言是最经常使用的、最基本的手段，语音方面的差异、语义上的歧义或语言结构的不当会使人际交往产生障碍。历史的影响、地域的差异和民族传统的不同导致了语言差异的产生，即各地均有自己的方言。如果我们在交际中都使用自己的方言，那么轻则产生语言误会，重则影响交际甚至引起纠葛，这是不言而喻的。语义即词语的含义，如果在交际中语义不明或语义含混，那么就不能正确地传达信息，从而使人产生误解，造成交际上的障碍。例如，有位民警在公共场所执勤，看到有人把猪肠子挂在栏杆上，便大声喊道：“谁的肠子？这是谁的肠子？”喊了几声后，一位姑娘涨红着脸说：“别喊了，东西是我的。”民警又说：“你怎么把自己的肠子挂在栏杆上？影响城市环境，罚款。”周围的人一阵哄笑，姑娘由羞变怒，反唇相讥：“你这人怎么讲话的？这是猪肠。你肚里能长出猪肠子来？你语言不文明，更应该罚款。”这一交际事故正是由于民警语言的歧义造成的。诸如此类的说法，稍不留心就会惹上麻烦。由此可见，语义歧义产生的误导作用有多么大的影响。同样，语言结构不恰当或句子有语病也会给交往带来困难。如交往一方对另一方说：“你的意见我基本上完全同意，就是有一点有待商榷。”这让对方不可理解：是不完全还是完全？是完全同意还是不完全同意？在交际的过程中，语言的表达对交际也是有明显影响的。如有的人说话带刺，出语尖酸刻薄，或者冷言冷语；有的人说话喜欢用反诘语言等。这样的说话方式常常会引起人们的反感，要是遇上那种特别在意这些的人，还会带来口角甚至不良后果。纵使再是“豆腐心”，一张“刀子嘴”也很难与别人建立良好的人际关系。

（五）个性对人际交往的影响

个性，在心理学中又被称之为人格，是指在一定的社会历史条件下的具体个人所具有的意识倾向性以及经常出现的较稳定的心理特征的总和，包括一个人的性格、气质、能力、兴趣爱好、思想信念、世界观等。每个人都有自己独特的个性，人际交往也受到它的影响。在交往中，人们往往喜欢与热情、诚实、高尚、正直、友好、讨人喜欢的人交往；相反，人们往往不喜欢与那些冷酷、虚伪、自私、奸诈、卑劣的人交往。对于一个诚实正派、心诚意善的人和一个口是心非、阳奉阴违、无中生有、嫉妒诽谤、搬弄是非的人，人们显然更愿意与前者结交。由此可见，良好的个性品质有助于建立和谐的人际关系，不良的个性品质则会影响人与人正常的交往。但是，人们在性情、志趣等方面的个性差异是不是说他们没有共同之处呢？答案是否定的。例如，两个人有着共同的文学爱好，然而性格特点相左，如果在交往中以共同的爱好为基础，把彼此相左的性格特点放到次要位置，求同存异，那么交往双方就会感到愉悦，甚至会随着彼此的相融而成为知己。如果双方在个性品质上相互指责计较，那么就会使交往双方关系僵化，甚至反目成仇。你看不惯别人，别人也看不惯你。奥地利心理学家阿尔夫·阿德勒说："对别人不感兴趣的人，他一生中困难最多，对别人的伤害也最大。"这句话在实际交往中得到了很好的印证，对别人不感兴趣就会导致双方情感疏远，易于产生隔阂，久而久之自然与对方格格不入，于是你会愈感孤立，得不到别人的关怀与帮助，成为一个无关紧要的孤家寡人。

二、正确处理人际关系

（一）正确处理人际关系的原则

青年大学生的成长成才，需要在人际交往过程中不断努力从而逐步实现。人际交往中，一颦一笑、举手投足，体现着个人的素质与修养。大学生需要树立正确的交际观，提高自身的交往能力，真正学会如何与人交往。诚信指一个人诚实、遵守诺言，从而得到他人的信任。人的生活离不开交往，而交往离不开正确的处理人际关系，正确处理人际关系需要遵循以下原则：

1. 诚信原则

首先，要诚恳。俗话说：心诚则灵。如果你对对方心笃意诚，言情真切，那么对方才可能相信你并且接纳你，同样用心与你相待；相反的，如果你是一个虚情假意，甚至喜欢耍手腕、弄圈套的人，那么对方便会因为你的不可靠而即便有话也不愿直说，有事也不敢相托。这样你们之间就是"事事皆虚"的一种状态，什么事情也做不成，什么话也说不成，还怎么说得上交往。其次，要守信，即做事要讲信用。要做到守信，一是忌轻诺。即在无把握的情况下不轻易许诺。不然的话，不仅办不了自己所说的，从而失信于人，甚至有可能会耽搁别人的事。二是力践承诺。既然已经说出来了，那么一定要尽自己的全力去办到。中国有句格言："待人以诚而去其诈。"这应是人际交往和彼此相处的最佳原则。

2. 理解原则

理解就是要体会并了解别人需要的是什么，明白别人言行的原因和目的，并且主动地去满足他人合理的需要，鼓励、支持和认可他人在生活和言行中值得肯定的部分。首先，要理解人类的相似性，我们身边的每一个人都生活在地球上，都具有自然属性和社会属性。我们的愿望和需求都或多或少的有一定的相似之处，所以遇见事情的时候，我们应当设身处地地为他人想一想，正所谓"己所不欲，勿施于人"。其次，要理解人类的多样性。即便我们之间存在着相似性，但由于先天遗传以及后天环境都有所不同，每个人无论是外在还是内在都会有一定差异。从气质、性格、文化修养到生活方式、价值取向、思想品德都表现出多样性。这就要求我们要学会用更为开阔的眼光来认识并了解我们周围的人，只有先正确看待差异才能正确对待差异。最后，理解人类的相互依赖性。从某种意义上讲，在大千世界之中我们能够相遇，并且在同一所学校学习和生活，这未尝不是一种缘分。我们每个人都应该珍惜这种难得的缘分，既对我们的相遇心存感激，又能主动承担起需要对别人付出的责任，对待朋友、同学多一些热情和关爱；不能太自以为是，目无他人，甚至因为一点小事就怒目相对，大打出手，水火不容。

3. 平等原则

在人与人之间的交往中少不了会有付出和投入，但是我们不能认为别人的付出是应该的，我们需要善待别人的付出并且予以回报。在人际交往中每个人的身份是平等的，不因为家庭背景的好坏、相貌的美丑和学习成绩的高低而区别对待。

4. 相容原则

前面已经提到了每个人都是有所差异的，在此前的人生中一些习惯已经养成，很难再做出改变，我们应该学会心里相容，当然这里讲的习惯不是不良嗜好。想要做到心里相容，最主要也是最重要的方式就是增加交往频率；寻找共同点；谦虚和宽容。为人处世要心胸开阔，宽以待人。做到体谅他人，在别人犯错后，只要不是违法行为、不是故意为之，那么就都可以原谅。凡事不要斤斤计较，所谓成大事者不拘小节，在集体利益面前，可以适当做一些让步。

（二）正确处理人际关系的方法

1. 学会倾听

倾听是交流的前提，一个优秀的交流者一定会是一个优秀的倾听者。在美国一位资深的外交官就受到周恩来总理的外交“倾听”风格的影响。他说：“凡是亲切会见过他的人几乎都不会忘记他。他身上焕发着一种吸引人的力量。长得英俊固然是一部分原因，但是使人获得第一个印象的是眼睛。你会感到他全神贯注于你，他会记住你和你说的话。这是一种使人一见之下顿感亲切的罕见的天赋。”闻名世界的教育家卡耐基先生有过这样一个故事，在一次晚宴上，卡耐基先生见到了一位著名的植物学家。他倾听着植物学家谈论各种新奇的知识，从大麻到室内花园，再到关于马铃薯的惊人事实。一直午夜告别时，卡耐基先生几乎没有说过几句话。而那位植物学家却高兴地对主人说：卡耐基先生是最有意思的人，是一个最有意思的谈话家。这是因为卡耐基先生深切地知道，很少有人能禁得起别人专心致志地听讲所给予的暗示性赞美。日本松下公司的创始人松下幸之助在总结自己的经营诀窍时讲道：首先要做到的就是细心倾听他人的意见。从这些故事我们可以知道，在人与人相处的过程中，有着良好“倾听”姿态的人才能够受到大家的拥戴。对于青少年来说，学会倾听，就是要学会在与人交谈的时候，需要克服浮躁之气和轻慢之举，认真而仔细地听取别人的讲话。神情专注，眼光集中在对方的面部，必要时作出回应，也可以加上上身略微前倾等形体动作的配合，表示十分重视对方的谈话。这不仅会给人留下一个很好的印象，还会因为提高了他人的自尊心，而更有助于建立一个良好的人际关系。

相反，我们经常可以看到以下的情景：甲需要向乙说一些事情，而乙却表现出一副漫不经心的样子，甚至连手中的事也没有停下；丙找丁谈一些情况，丁还没听几句就开始显得不耐烦了，甚至打断别人的讲述，敷衍了事。还有在一些公开的场合，上面发言，下面交头接耳，等等。尽管当事人可以为这样的表现找到各种各样的托词，但却给人留下一个十分不礼貌的印象，它在本质上反映的是一个人的势利和狭隘。

对青少年来讲，学会倾听还意味着学会两个心灵之间的沟通。虽然“倾听”只是谈话的一种方式，但在人与人的交往之中，它包含着巨大的信任。如果一个人不信任你，他不会找你说太多的话。如果有人向你诉说怨尤，或者袒露心曲，即便只是介绍情况，表达见解，也是把你当作可信赖的对象。也正因为如此，你的倾听就不只是接收信息，还需要投入情感，做出心灵的应答。如果你表现得心不在焉，只会磨损他人的感情，就谈心灵间的沟通了。同时，对青少年来说，学会倾听还是一个扩大人际交往的好办法。只有倾听，才能在同伴中建立信任；只有倾听，才能了解他人的思想、个性、爱好和期盼；只有倾听，才能获得想要的信息，从而作出正确的判断和思考。莎士比亚说过：“对于别人的话要善于接纳，你这样做要聪明五倍。”

2. 学会说话

如果说“倾听”是一种接受，这种行为是在诚恳和耐心中显示态度。那么，“说话”就是一种表达，这种行为是在真诚和热情中显示风度。在此，倾听的态度需要一种修炼来维系，说话的风度则更多地需要一种素养来呵护。

那么，为什么说话与人的素养有关呢？从表面上来看，说话时的神情、语态、行为举止仅仅显示出一个人的习惯或者是个性特征，但之所以有人表现得沉稳，有人表现得急躁；有人表现得畅达，有人表现得拘谨；有人表现得礼貌，有人表现得随便，实质上是取决于一个人的教养和文明程度的。再者，由于说话的对象、场合、内容各有所异，也应根据具体情况需要适时而恰当地做出调整，这又怎能不关涉一个人的智慧呢？所以，对初涉人世的青少年来说，学会说话与学会共处二者相辅相成、密不可分，学会说话是学会与人共处的关键要素。

智者想过然后说，愚者说了然后想。这体现了说话应谨慎，可谓言出如山、三思而后言，切勿言不及义，说出些不着边际的话来；切勿虚张声势，说出些危言耸听的话来；切勿不懂装懂，说出些离题万里的话来，因为这些话都不真实、不可靠，难以获取他人的信任。人们会厌恶喋喋不休、反复唠叨一件事，不断重复一些肤浅见解的表达行为，同时切忌长篇大论，不注意停顿，不给他人机会。因为人们相信真诚智者寡言，虚伪愚者多辩。会表达的只需一句，不会表达的不止需十句，简短的言谈未必是最好的，但最好的言谈总是简短的。

诚恳的诤言和规谏是送给朋友的最好的礼物，但这只能在私下里进行，甚至要营造适宜的氛围，巧妙地利用契机，注意表达方法。切记避免在公众场合，在他人面前劝告朋友。否则，有益的进言会变成恼怒的根源。卡耐基说："与别人交谈，不要先讨论你不同意的事，要先强调，而且不停地强调你所同意的事。因为你们都在为同一结论而努力，所以你们的相异之处是在方法，而不在目的。"所以，一方面，不以否定的态度与人说话，比如不说"你的观点是错的"以防止激怒他人，而是通过阐述正确的内容，更易于让人接受。另一方面，不把话说得过于绝对，可以说"你的意见也许是对的，但换一种方式思考可能会更好"，既为自己留有余地，又为他人留有情面。注意说话的态度和分寸，决不摆出居高临下的姿态说教别人，尽量减少"你应该""你必须""你马上"等指使性的口气。与此同时，避免在失落者面前谈论成功，防止使用嘲讽的尖刻的语言，决不给人泼冷水，诸如"你真是异想天开""连这也不懂""回去补补常识吧"等，以防伤及他人的短处。说话时应该专注，投入真实情感，适当地运用手势等肢体语言。说话时要兼顾条理和层次，富有机智感和曲款感，时常流露真诚的微笑以增强互动性。正如卡耐基所说：人格中最可贵的因素就是那令人倾心的微笑，因为笑容能照亮所有看到它的人，像穿过乌云的太阳，带给人们温暖。学会主动地与人沟通，热情地与人交往，并注意使用对方喜欢的尊称和爱称。有人之所以不主动，或是由于生性木讷，或是由于心气孤傲，或是由于心理障碍。其实，这些人的内心深处都还是渴望得到他人的承认和尊重的。所以，你的主动、你的热情一定能收到良好的效果。当然，仅仅通过一味地取悦别人，使用肉麻的花言巧语吹捧别人来博得别人的好感，这样只会带来适得其反的效果。学会挑选适宜的谈话时机，善于创设良好的谈话氛围，比如在下午茶期间，在回家的路上，在一个双方都喜欢、都认为合适的场合，甚至可以找一个安静的咖啡馆坐坐。当然，一个至关重要的要素是善于选择和引导谈话的主题。这里，除了非常亲密的朋友，不要涉及他人的隐私。作为青少年，若过多地纠缠于人际是非则显得琐碎和世俗。所以，应该把话题扩展到较为宏观大气的层面，例如可谈及兴趣爱好、个人规划、价值观念、时事政治等方面，以求谈话获得生机，引发精神上的共鸣。

3. 学会尊重

这里的尊重主要是指尊重私人空间和公共领域。首先，私人空间是不能随意谈及和闯入的，就像进自己家的门不必敲门，进别人的家必须敲门一样。因为每个个体不仅是独立的，即有独立的生存权利、独立的生活方式、独立的个性意志；而且都还有部分不愿显露、不愿告人的隐秘，以致每个个体都会本能地保护着这个自我空间。因此，在日常的人际交往中，注意尊重他人的私人空间，这是与人共处的重要原则之一，也是现代文明人的重要素质之一。

《萌芽》杂志曾组织过一次京沪大学生的对话活动，有一个事例引起了讨论：某沪籍大学生和某京籍大学生是同系的朋友，有一天，沪籍大学生买了本热销书，放在书桌上转眼就不见了。两天后，那位京籍大学生笑嘻嘻地把书还来，沪籍大学生很不愉快，说："即使是朋友也要分清你的和我的。"北京籍大学生反唇相讥："既然是朋友，你的就是我的，我的就是你的。"于是两人不欢而散。大学生们讨论的结果是：这位沪籍大学生的意识是现代化的，但事情已经发生了，应该表现得大气一些。固然，这是两种个性、两种风格的不同引出的闹剧，尽管不涉及做人的品质，却告诉我们：朋友之间应该是有界限的。这正如贝多芬所说：即使是最神圣的友谊里也可能潜藏着秘密，但是你不可以由于不能猜测出朋友的秘密而误解他。

朋友之间应该如此，一般的同学、同事之间交往更应如此，应该在意识上亮起一盏红灯，时刻警醒自己、约束自己，以免自己无意识地闯入他人空间，从而应在言谈举止和道德素养上不断提升自己。对现代社会的青少年来说，人与人是平等的，人与人之间的相互尊重是需要双方共同维系的，不要有意识地打探他人、骚扰他人（一种缺乏自信的表现）。北京独生子女社会适应能力研究课题组曾选拔 5 名区级三好学生、20 名校级三好学生、30 名校级优秀少先队员参加情景测试。镜头之一：一把扫帚、三块砖头随意地扔在礼堂门口，这 55 名优秀学生经过时竟然视若无睹地从它们上面跨过或绕过，没有人理会这有碍环境整洁，并给人带来不便的"分外事"。镜头之二：5 名区级三好学生演讲时，按要求把题目写在黑板上，可是这 5 位演讲者讲完后都没有意识到应该擦黑板，每次都是老师帮着擦。应该承认，在当今中国的教育评价体系中，这批学生和这些大学生无疑都属于佼佼者，那么他们怎么会在学习生活以外的公共地域，表现得如此自私、如此狭隘呢？如此看来，公共地域才是真正的人生考试场。1998 年法国世界杯足球赛期间的一则消息令人感动，那就是成千上万的日本球迷离开看台的时候，看台上竟没有留下一张纸屑。为此，法国电视台向全世界直播了日本球迷自觉清理看台的全过程。其实，当一个人处于公共地域的时候，他就是在与公众共处，与公众交往。所以，对公共地域的一系列秩序的认同、一系列规则的遵守，就是对公众的礼貌、对公众的尊崇。反之，那些在公共地域的不文明行径，表面上不是针对人的，实际上确是忽视公众，甚至是侵害公众的。上海的两位大学生游览黄山时随手从天都峰上扔下两个矿泉水瓶，其中一个挂在悬崖的树枝上。只见放绳工系好安全带，默默地坠绳而下。当放绳工悬在半空中颤颤巍巍地捡起矿泉水瓶时，两个大学生惊呆了。他们说这一幕胜过 10 万张罚款单，他们不仅向黄山管理局写了致歉信，还利用暑假组织了志愿者投身到黄山的文明创建活动中。由此可见，在公共地域中的表现是学会与人共处的重要组成部分，它需要从身边细微琐碎的小事做起，并从中不断修炼，获得提高。

三、大学生社交安全防范

在丰富多彩的大学生活中，人际交往至关重要，但大学生毕竟未真正踏入社会，还未清楚地了解和融入社会环境，缺乏社会经验，书生气浓重，记得"让世界充满爱"，却忘记了现实生活的多样性和复杂性，在学会社交技巧，丰富个人生活的同时，也要时刻注意提防社交陷阱，这样才能使自己的大学生活充满意义、更加精彩超然，使自身在德智体美等诸多方面取得更大的提升和发展。

（一）谨慎交友

在大学生活中，一部分人由于不加选择或盲目选择地轻率交友，导致了许多痛苦的经历。高校大学生因交友不慎而误入歧途甚至人身财产遇到威胁的案例不胜枚举。

【案例】 即将毕业的某高校女大学生周某寒假乘车回家，途中与一位中年男子同座。该男子十分热情慷慨，和蔼大方，言称自己是广东某个中外合资企业的中方经理，并拿出名片，在得知周某毕业分配尚无着落时，他允诺并保证荐举周某做秘书。听罢此言，姑娘感激不尽，遂与他一同下车住进一家旅店。就在这家旅馆，姑娘被糟蹋了。案发后，姑娘才知这个中年人是个流氓诈骗犯。就凭一张名片、一通胡吹、一声许诺就令女生深信不疑，被迫吞下人生的苦酒，酿成终身悔恨。

俗话说：苍蝇不叮无缝的蛋，可见被骗的人都存在心理弱点。大学生在社会交往中，往往会被利用，主要有以下几方面原因：其一，思想单纯，轻信他人，缺乏社会经验，疏于防范，感情用事；其二，有求于人，轻率行事。俗话说："害人之心不可有，防人之心不可无。"在社会上还存在不法之徒的环境中，"防人之心"是必不可少的。

行骗者大多是"心理专家"，他们十分注重研究人们的心理，并善于利用人们的心理弱点，如爱慕虚荣、急功近利、好逸恶劳等，采取投其所好的伎俩，把自己伪装成事业的强者、职位的优者、经济上的阔者，示以唬人的名片、诱人的许诺、不凡的谈吐，巧妙地解除对方的心理防卫体系，从而为成功行骗扫清障碍。

大学生怎样才能避免轻信他人呢？那就要养成强烈的防范意识，时刻保持清醒的头脑。所谓"强烈的防范意识"并不是要人们把自己封闭隔绝起来，拒绝人际交往，也不是达到"草木皆兵"谨小慎微的地步，而是在人际交往中做到：对于熟人或朋友介绍的人，要学会"听、观、辨"，即听其言、观其行、辨其行，做到热情而不失礼，真诚而不轻信，使自己处于进退自如的主动地位。

（二）对初识需要谨慎

在对对方知之甚少的时候，不要轻易向别人透露自己的身份信息，防止"言多语失"。对于对方赠予的食物、饮料等也不要轻易服用。对于那些素未谋面的陌生人，既要以热情的态度对待他们，但同时也要小心行事，尽量避免单独行事，有必要的话尽量在集体环境中接待他们。交友要择其善者而从之。如果一个人真心想与你交朋友，那么你们一定志同道合，属"同道中人"。朋友关系应该建立于高尚的道德情操基础之上，应避免结交那些低级下流之辈、挥金如土之流、吃喝嫖赌之徒、游手好闲之人。只有通过这种方式，我们才能在思想上筑起一道防线，一旦发现对方存在不良动机和企图时，就应该立即刹车，以防落入对方陷阱。

（三）谨慎发表言论

祸从口出指的就是说话不谨慎容易惹祸。我们每个公民都有言论自由，但我们也应该清楚，此处的自由是相对的自由，是在法律允许的范围内的自由。言论自由不代表可以乱说话。大学生是接受了高等教育的有文化的人群，更应该注意自己的一言一行，谨慎说话，谨慎做事。

在现实生活交流中，应三思而后行。“金无足赤，人无完人。“在交谈过程中不能盯着别人的缺点不放。要把握好交流的度，在相互尊重的基础上进行交流 。尤其是在与少数民族交流时更应该想好了再说，要尊重他们的宗教信仰，平等对待，切不可有歧视之心或高人一等之意。

在网络平台交流中，应该规范言论。要遵守网络安全法规，不造谣，不传谣，抵制虚假信息。针对时事热点，要有自己的判断，不能盲目跟风，在事情真相没有确定之前不可妄加评论。

（四）正确处理恋爱纠纷

正确处理好大学生中的恋爱纠纷，对于安定大学生生活，帮助大学生创造良好的学习环境，预防和减少刑事、治安案件的发生都具有重要意义。

对于处理恋爱当中的纠纷，应当以双方当事人协商处理为主，因为只有当事人员才熟悉纠纷的原委，解铃还须系铃人，只要双方冷静，保持清醒的头脑，纠纷很容易就会解决。如果双方协商处理不成功，可请老师和领导出面解决。

要有诚意。不管恋爱双方有什么样的结局，都要表现出诚意来解决问题，只有这样，才能在协商调解中打破僵局，求同存异，妥善解决争端问题，达到双方都满意的结果。

严以责己，宽以待人。恋爱纠纷的双方应多作自我批评、自我反省，审视自己的行为与过错，防止感情裂痕加深，最终酿成难以收拾的僵局。

如果恋爱中涉及中断恋爱关系的问题，双方都要持慎重态度。在感情好的时候，要看到对方的短处，在感情裂痕出现的时候，要想到对方的长处。已经建立的爱情要学会珍惜，不要人为地制造或加大裂痕，不要等到失去了对方追悔莫及。如果感情出现了矛盾，有过错一方一定要主动承认错误，并采取实际行动来改正错误，以取得对方谅解。如果确无和好的可能，或者一方坚持中断恋爱关系，也要冷静面对现实，果断地中断恋爱关系，人的一生那么长，今生的长久幸福一定会出现。

恋爱关系中断之后，应当妥善处理好善后事宜：第一，如果双方有相互寄送的恋爱书信，应当尽可能退还给对方，一则可以免掉一些不必要的伤痛发生；二则也可以让对方去掉心病；三则在以后恋爱的时候，可以减少一些不必要的误解和麻烦。第二，在恋爱中，少不了会有一些吃喝游玩，不管是谁在花费中占主要份额，最终以不清算为益。第三，互赠的礼品或者信物，按照民事法律关系中赠予的法律规定，一般不索还。但如果是贵重物品，提出中断关系的受赠一方还是应当主动提出退还。因为这份礼物是由于恋爱关系的存在而赠予，在恋爱关系中断以后，其赠予前提就已经不存在了，不能让本就由于失恋而在精神上受到严重打击的对方，在经济上的还蒙受重大损失。另外，这样还可以防止个别人以恋爱为由骗取钱财。

（五）防止校园纠纷

纠纷在大学生生活中时有发生，宿舍、食堂、图书馆、球场等公共场所是大学生发生纠纷的主要地方。

1. 纠纷的主要原因及表现形式

学生中发生纠纷的原因主要有：① 不拘小节容易发生纠纷；② 开玩笑超出限度或者刻意挖苦别人容易发生纠纷；③ 猜疑容易发生纠纷；④ 骂人或不尊重别人容易发生纠纷；⑤ 妒忌他人容易发生纠纷；⑥ 自以为是、狂妄自大、目中无人容易发生纠纷；⑦ 极端利己、不容他人、争强好胜容易发生纠纷。

发生纠纷的表现形式主要是两种：① 争吵斗嘴，互相攻击、谩骂。② 打架斗殴，由最开始的争吵，发展为你推我搡，最后双方大打出手。

这两种形式，相伴而行，通常以争吵开始，以打架斗殴甚至造成伤害结束。当然还有一些其他形式，如在背后进行造谣、污蔑，写恐吓信等。毕达哥拉斯说过："愤怒以愚蠢开始，以后悔告终。"

2. 防止纠纷的措施

纠纷在大学向来是不会少的，而且几乎每一起纠纷都可能产生严重的后果。所以大学生应当极力防止纠纷，避免一失足成千古恨的惨剧发生。防止发生纠纷的总的原则是：互谅互让，各守本分，求同存异，理解万岁。当你内心愤恨难平，感觉可能发生纠纷的时候，希望你能尽力做到：

（1）冷静克制，切莫莽撞。无论最开始是谁的不是，发生纠纷的后果都由两个人承受。我们需要时刻保持平静似水，"任你波涛翻涌，我守淡雅如初"。这就要求我们有一颗虚怀若谷的心，只有"大着肚皮容物"，才能"立定脚跟做人"。"大肚能容，容天下难容之事；开口便笑，笑世间可笑之人。"对于那些可能发生摩擦的小事，一笑了之。刘少奇同志在谈到共产党员的自我修养时特别指出："我们应注意自己不用言语去伤害别的同志，但是当别人用言语来伤害自己的时候，也应该受得起。"如果能够做到这一点，就能"猝然临之而不惊，无故加之而不怒"，一切纠纷，都会化为乌有。

（2）诚实谦虚。无论在什么时候，诚实、谦虚都是人与人相处中的润滑剂，他不仅能帮你加强团结、增进友谊，还可以有效地消除纠纷。要时刻怀着一颗诚实、谦虚的心，这样即使发生纠纷，我们也能耐心倾听他人意见，宽容他人过失，并且反省自己，从而化解争执。我们必须要明白，在交往中，诚实、谦虚并不等于懦弱、妥协，恰恰相反，它是你高尚人格的体现，尤其是与人发生争执时，你的谦逊与不争就已经在人格上胜过对方了。曾国藩曾说："人有毁我销我者，攻之固益其德，安之亦养其量。"说的就是这个道理。培根也说过："经得起各种诱惑和烦恼的考验，才算达到了最完美的心灵健康。"我们每克制自己一次，就意味着我们变强大了一次。

（3）注意语言美。古往今来的许多实例证明，口角是引起大学生纠纷的主要原因。俗话说："祸从口出"，深刻揭示了语言与纠纷的辩证关系。当你不经意冒犯了别人时，一句简单的"对不起""很抱歉""请原谅"，或者当你被别人冒犯，别人向你道歉时，你的一句"别在意""没关系"，顷刻之间就能化解紧张的气氛，从而化干戈为玉帛。要想做到语言美，有以下三个方面需要注意：其一，说话和气，以理服人；其二，说话文雅，谈吐雅致；其三，说话谦虚，尊重对方。

3. 怎样处理纠纷

（1）在宿舍，制定大家都能接受的寝室制度（包括熄灯时间、寝室卫生等），并且严格遵守规则，遇到问题时相互谅解，求同存异，学习生活上相互帮助，互相促进，建立良好的信任关系。

（2）在食堂，自觉遵守就餐纪律，注意不要把饭菜泼洒在他人身上，如果不小心发生了这样的事情，要敢于担当，主动找当事人赔礼道歉，以求对方谅解。如果因饭菜问题与食堂工人发生争执，切忌不要争吵，找食堂相关领导反映情况即可。

（3）在图书馆，严格遵守图书馆的规章制度，阅读时保持安静，做文明读者；座位提前预约，不抢他人座位；借阅时轻拿轻放，爱护书籍。

（4）在比赛时，要坚持友谊第一的原则，切不可只顾胜负而忽略了比赛的初衷。如果不幸发生了争执，要等裁判意见，切忌自己动手。如裁决有误，应向裁判委员会或有关组织协会反映情况，寻求处理，不可大打出手。

（5）在舞场上遇到无理纠缠时，要礼貌拒绝并寻找借口离开，女同学要尽量结伴而行，自觉遵守相关规定，如果发生碰撞要主动道歉。遇到打架、冲突主动报告，冷静应对，机智处理，并协助管理人员进行劝阻。

4. 警惕网络陷阱

以互联网为代表和主体的信息网络，正在成为21世纪人类生产和生活所必需的方式。随着计算机网络的出现，网上交友也随之产生。即使相隔天南地北，甚至不在同一个国家，都可以实现网上交友。网上交友的出现也引发了一系列的安全问题。网络是一个虚拟空间，很多个人信息例如年龄、姓名、经济状况等都可以造假，而且没有办法辨认真假。如果你不小心在网上暴露了自己的真实情况，犯罪分子很可能会对此加以利用，从而给你带来不必要的麻烦。所以网上交友尤其要慎重，注意保护好自己的私人信息，不要被别人钻空子，更不要轻易与网友见面，女大学生尤其要注意。曾经有这样一则案例，我国南方某省一名女大学生，网名叫沙子，在网上结识了一个网友，大学毕业前，沙子的父母准备送她出国深造，并为她准备了数十万元的留学费用。而此时，沙子和男青年的感情越来越深，发展到出国前非要见上一面的地步。按网上的地址，沙子只身来到某城市，几天后与父母失去联系，沙子的父母、同学都非常着急。过了几天，该男子用沙子的手机给她的父母发去一个短信，要求带好××万元，到某地赎回女儿，否则别想再见到沙子。原来那个男青年根本不是想同沙子谈恋爱，他只是千方百计地想发不义之财，当听说沙子父母为她准备了数十万元的学费时，便将沙子骗来扣下作为人质，以此向她父母敲诈钱财。事情的结局是沙子被这名男青年杀害。网上交友的痴情女，被诈骗犯所杀，这个教训可谓非常深刻。此类案例不胜枚举，某市某高校一名女生在与网友见面时，因反抗网友抢劫被对方捅了38刀，幸未伤及性命；某高校一男生在网上交友，私自离开学校至今杳无音信；某院某系一女生在网上交友，在假期相约见面，学生家长发现孩子放假没有回家，遂到学校询问，因查找及时没有出现不良后果。社会上这样的例子很多，你永远不知道网络背后的那个人到底有什么样的意图，因此，网上交友需谨慎，切莫轻易赴邀约，"你只道是真情感，未曾料及双面人"。

【拓展知识】

人际关系的16个定律

1. 错误定律：别人都不对，那就是自己的错。人们日常所犯的最大错误，是对陌生人太客气，而对亲密的人太苛刻。

2. 效果定律：在伤口上落泪和在伤口上撒盐，效果是一样的。

3. 嫉妒定律：人们嫉妒的往往不是陌生人的飞黄腾达，而是身边的人飞黄腾达。

4. 方圆定律：人不能太方，也不能太圆，一个是会伤人，一个是会让人远离你，因此人要椭圆。

5. 口水定律：当你红得让人流口水时，关于你的口水就会多起来。

6. 利用定律：不怕被人利用，就怕你没用。

7. 成就定律：如果你没有成就，你就会因平庸而没有朋友；如果你有了成就，你就会因卓越而失去朋友。

8. 馅饼定律：当天上掉下馅饼的时候，小心地上也有个陷阱在等着你。

9. 评价定律：不必好奇别人怎样评价你，想想你是怎样评价他的。

10. 葱蒜定律：太拿自己当根葱的人，往往特别善于装蒜。

11. 流言定律：流言是写在水上的字，注定不持久，但是又传得飞快。

12. 害怕定律：生手怕熟手，熟手怕高手，高手怕失手。

13. 难过定律：为你的难过而快乐的，是敌人；为你的快乐而快乐的，是朋友；为你的难过而难过的，就是那些该放进心里的人。

14. 傻瓜定律：把人家都当傻瓜，那一定是自己傻到了家。

15. 吃亏定律：只要你不认为自己吃了亏，别人也就一定没占着便宜。

16. 风雨定律：事实证明，感情经得起风雨，却经不起平淡；友情经得起平淡，却经不起风雨。

第七章　大学生日常安全管理

第一节　火灾事故危机应对

一、校园火灾事故的类型

（一）按照火灾发生的原因分类

1. 生活火灾事故

生活火灾是指由于人们的炊事、取暖、照明、吸烟等生活行为所造成的火灾。在校大学生在宿舍内违章乱设燃气、电器等火源，私拉乱接电线，使用大功率电器，乱扔烟头，出门不按要求断电等行为是造成校园生活火灾事故最重要的原因，同样，学生食堂员工操作不当，或是燃气管道破裂等也极易导致火灾事故。

2. 电气火灾事故

电气火灾是指由于电气线路，用电设备及供配电设备出现故障，释放的热能引燃自身或者其他可燃物所造成的火灾。大学校园中，电网非常复杂，用电设备也很多，如果发生了短路等现象，发生火灾的可能性就很大；特别是在大学生宿舍，由于宿舍的插座较少，宿舍内私拉乱接电线现象严重，大量的电热器具的使用等导致大学宿舍内电气火灾隐患众多。

3. 实验室火灾事故

高校实验室火灾是指高校科研人员在实验过程中操作不当或是违规带入明令禁止的危险品等原因导致起火而造成的火灾事故。我国高等教育事业的迅速发展使得高校实验室越来越趋于专业化、复杂化和大型化。实验室药品众多，其中不乏易燃易爆物，一旦发生火灾，后果将不堪设想。

4. 自然现象火灾事故

自然现象火灾并不常见，但是其危害也不可忽略。发生这类火灾主要有两个原因，一是雷电导致起火，二是物质的自燃。针对自然现象火灾，我们应该以科学的态度和方法来加强日常管理。

5. 人为纵火事故

人为的纵火都带有特定目的，或是为了销毁证据，抑或是为了打击报复。人为纵火一般情况下都是在夜晚发生，有较大的危害性。人为纵火在学校发生概率不大。

（二）按照火灾事故的严重程度分类

1. 特大火灾事故

死亡 10 人以上（含 10 人，下同）的火灾，重伤 20 人以上或者死亡、重伤 20 人以上，受灾 50 户以上，直接财产损失 100 万元以上的火灾事故可视为特大火灾事故。

2. 重大火灾事故

具有死亡 3 人以上，重伤 10 人以上，死亡、重伤 10 人以上，受灾 30 户以上，直接财产损失 30 万元以上几种情况之一的火灾事故可视为重大火灾事故。

3. 一般火灾事故

一般火灾事故是指不具有特大火灾事故和重大火灾事故中的情形的燃烧事故可视为一般火灾事故。

（三）按照火灾发生的地点分类

按照校园火灾发生的地点，可以将校园火灾分为教学楼火灾、实验室火灾、宿舍楼火灾、图书馆火灾、食堂火灾、礼堂报告厅火灾以及微机室火灾等。

二、校园火灾事故的预防

近年来，校园火灾事故频频发生，对学校师生及员工的人身及财产安全造成了重大的威胁甚至是危害。据相关资料统计，自中华人民共和国成立以来，全日制高校中未发生过火灾的寥寥无几。以往发生的火灾事故中，有的烧毁实验室，有的烧毁教学楼，有的烧伤学生，还有的甚至夺去了学生鲜活的生命。同样，发生在校园宿舍里面的小型火灾，每年多达上千起，且有逐年上升的趋势。火灾一旦发生，损失就会特别严重。因此，火灾事故的预防就显得尤为重要，我们不能等火灾发生了之后才去采取措施，而应该在火灾发生之前就采取措施排除火灾隐患，更好地保护学校师生及员工的生命财产安全。火灾发生之后损害的不仅有学生的利益，同样会有师生员工的利益，因此，针对校园火灾事故的预防，不仅需要学校的努力，更需要学校师生和员工们每个人的关心。预防校园火灾事故，具体有以下几点措施：

（一）学校层面

（1）要尽量减少消防隐患，一旦发现隐患，应采取措施及时整改。应该加强检查，落实巡逻制度；应组织专门的人员定期对学生宿舍、教职工宿舍、食堂、实验室、图书馆、教学楼以及会议室等人员集中的场所进行消防安全检查，对校园内的消防通道、安全出口、消防设备、电气线路以及用火用电等潜在因素情况进行消防安全检查，督促整改火灾隐患，要把火灾扑灭在摇篮里，最大程度降低火灾发生的可能性。同时，学校应该加大消防经费投入，用于改善和维护基础消防设施；学校应该根据自己的经济情况，划出一部分资金专用于消防设施的维修和升级。应该充分利用学生假期离校的时间，逐步拆除简易房，改造防火等级较低的建筑，更换陈旧的、老化的电线。要按照国家消防技术规范的要求，在宿舍内的食堂、教学大楼、实验室、图书馆、会议室等场所完善消防设施，配备消防栓、灭火器等。要将消防警示牌、消防安全疏散标志等设置在公共场所，以便发生火灾之后能够及时扑灭，学生能够安全逃离。在学生宿舍内应该安装直拨电话，确保险情发生之后能够及时报警。

（2）建立健全消防安全管理制度。学校要把消防安全问题放在重要的位置，学校要在安全的原则下，针对自己学校的实际情况确定消防工作的内容和工作形式，为校园火灾事故的预防提供制度保障。学校应普遍落实安全责任人制度和安全责任追究制度，将校内各个地点的消防安全落实到具体的负责人身上，按照工作岗位责任制的分工层层签订责任书，切实增强岗位消防安全管理的自觉意识，让广大师生以及学校工作人员明确自己在校园防火中的责任和义务，调动广大师生员工的责任心和积极性；对因工作失误而造成重大火灾隐患漏排漏治或者发生火灾事故的个人，要依照相关的规定追究其责任。不能使制定出来的制度只写在纸上，只挂在墙上，要具体落实，使校园内的每一位师生员工都能将制度牢记在心里，落实到行动之中。

（3）学校应该加强消防宣传教育，提高校内人员的消防安全意识，使防火意识深入人心。按照《中华人民共和国消防法》的要求，学校应该将消防知识纳入教学培训的内容之中。采取墙报、黑板报、宣传牌、警示牌、电子屏等形式设立消防宣传的专用版面，定期对学校师生进行安全常识教育。要开设消防安全培训或者课程，提高学生应付火灾事故的能力以及在火灾中逃生自救的能力。定期举办火灾事故的放火、灭火等相关的知识展览，教育全体师生员工树立防火意识和安全责任意识。开展多种形式的活动，普及全校师生员工的火灾预防知识和技能，通过宣传教育，充分调动广大师生及工作人员做好消防安全工作的积极性。

（二）学生层面

学生是学校的主体人群，学生在学校里的行为直接关乎校园火灾发生的可能性大小以及校园火灾发生之后的损失大小。一旦校园火灾发生，学生将会成为最大的损失者。如果学生在学校中能够采取措施做好火灾预防工作，那么校园火灾发生的可能性以及发生之后的损失将会在很大程度上得到减小。具体来说，高校学生应该从以下几个方面来预防校园火灾：

（1）提高安全意识。预防校园火灾隐患，一方面靠思想教育，另一方面靠制度规范。学生应增强自身的安全意识，减少甚至是杜绝不安全行为是预防火灾隐患的根本性工作。学生必须明确知道在宿舍、教学楼、图书馆等人群集中的场所存在火灾隐患或者是做出危险行为的危害性。从思想上筑牢安全防线。要养成自觉遵守学校相关规定的好习惯，相互监督，相互提醒，对周围不安全的行为也要及时制止，真正形成防微杜渐的良好氛围。

（2）要强化学习，提升遵纪守法的自觉性。积极参加学校组织的各种演练以及学习活动。了解和掌握相关的法律知识和校规校纪，增强遵纪守法的自觉性，不在宿舍内使用明火，不私拉乱接电线，不使用大功率电器，不存放易燃易爆物品，不在床上吸烟，不乱扔烟头等，要杜绝一切危险行为，提高责任意识。

（3）学校师生员工应积极参加学校组织的消防安全培训和演练，认真学习消防安全知识，掌握相关的火灾逃生技能；同时还要熟悉学校内各个地方的安全通道、灭火器及消防栓的位置，以便需要时能够快速找到。

（4）要提高自防自救的能力。实践证明，要使师生们掌握一定的自防自救的知识和技能，高校就应该适当地组织师生进行防火培训。

三、火灾事故的危机应对

火灾发生，不仅对个人财产以及学校财产带来损害，更会给我们的生命安全带来威胁。由于火灾发生后危害性和危险性都很大，因此必须要掌握好应对火灾事故的方法。在火灾事故发生之后，不仅要想办法逃生，而且在安全后还应该想办法扑救。具体来说，针对火灾事故的应对主要有以下措施：

（一）火灾事故的逃生

火灾逃生，要想在危难关头应对自如，从容逃离险境。只有靠平时对消防常识的学习、掌握和储备，万不可冲动或者逞能，做出不明智的选择。具体来说，火灾自救主要有以下几种方法：

（1）匍匐前进。火灾发生后，烟尘主要集中于上部空间，因此，我们在逃生过程中，应该尽量贴近地面行走，甚至爬行，最大限度地减轻烟尘对我们的危害。

（2）毛巾捂鼻。在疏散过程中应用湿毛巾捂住口鼻，以起到降温及过滤的作用，减小烟尘或有毒气体对人体的损害。

（3）棉被护身。用浸泡过的棉被、毛毯、衣服等盖在身上，迅速穿越过火场逃离到安全区域。

（4）窗台逃生。用绳索、竹竿、管线，或者将被单拧成麻花状，固定好后从窗台逃生，或者用木板等东西搭桥到相邻建筑物逃生，切不可在慌乱之中选择跳楼逃生。

（5）毛毯隔火。将毛毯等织物固定在门上，不断浇水冷却，防止外部烟气进入，抑制火势蔓延，增加逃生时间。

（6）卫生间避难。实在无路可逃，可以利用卫生间避难，把门缝塞紧，把水泼在地上降温或者躺在装满水的浴缸里躲避，等待救援。

由于不同地点发生火灾的原因不同，不同地点的火灾的危害性以及逃生方法也不尽相同。

1. 教室发生火灾的逃生方法

当教室失火时，若火势尚小，可立即使用灭火器扑火自救，或用衣物等将火压灭，控制火势发展；当火势发展时，应立即跑到室外，不能贪图书本、财物，或者抱侥幸心理；如教室里已经充斥了大量烟气，在撤离的时候应用手绢、衣袖等捂住口鼻，并用较低姿势快行，以防止烟气吸入口鼻，损害呼吸道。如果一层教室失火，当烟火封住教室门口时，可从窗口跳出去；二、三层教室失火，烟火封住门时，则可利用窗帘、衣物等拧成长条，固定稳妥之后，从窗口缓缓下滑。别的教室失火后，如果火势尚未控制楼道，应该立即进入安全通道向外疏散，如有老师指挥就应该服从指挥，有序撤离；烟火封住安全通道时，可迅速撤往楼顶平台，等待救援；如果不幸身上着火时，不应该惊慌奔跑，而应该就地打滚，压灭火苗或者脱下衣物用脚踩灭火苗。

2. 宿舍发生火灾后的自救方法

火势初起时，立即用灭火器、自来水或者湿毛巾等灭火自救，如火势已大，则应该立即撤离火场，并且拨打火警电话“119”，切不可抢救财产物品；宿舍充斥大量烟气时，撤离时应该弯腰低姿势快行并且用湿毛巾捂住口鼻；别的宿舍起火，应迅速通过安全通道向外疏散，住在高层的切忌乘坐电梯撤离。

3. 实验室发生火灾后自救方法

首先应该针对实验项目使用的易燃易爆实验试剂，准备相应的防火设施，以便于能够发生火灾迅速将火扑灭；同时还必须注意迅速把易燃易爆物品转移到安全区域，防止被引燃引爆；迅速将火场人员疏散到室外；实验室的试剂遇火可能产生有毒气体，所以不宜久留，应用湿毛巾或衣物捂住口鼻，防止中毒。

（二）校园火灾扑救

（1）发现火灾之后应该及时报警，在报警时应该准确拨打报警电话“119”，说明白地址、火情、人员伤亡程度，并找人接应消防车。

（2）组织扑救。火灾发生后，如果火势蔓延比较快，一个人根本没能力去扑救，就应该理智选择，大声呼救。一方面可以惊醒室内其他人，让他们及时做出反应，能迅速逃离火灾现场，减少火灾损失。另一方面是可以让更多的人来参与救火行动中。当火灾发生后，应该注意立即移开周边易燃物品，拿水或灭火器来扑灭。当火情不可控制时，就应该马上呼叫，让更多的人来救火或者组织人员撤离后等待消防人员救火。

（3）疏散逃生人。火灾发生后，应该保证人员生命安全，要以最快的速度有序地疏散火场内人员，要防止疏散过程中出现踩踏事故。

第二节　集体活动突发险情危机应对

一、集体活动突发险情的预防

高校大型的集体活动很多，一些突发的险情很可能给师生员工的生命安全带来威胁。最常见的高校集体活动危机险情主要有踩踏事故以及集体活动的局部冲突。高校集体活动危机发生之后将会对人员的生命安全以及学校的形象造成一定危害。因此，我们有必要了解一些大型活动突发险情的防范知识。具体来说，针对高校大型集体活动突发险情的预防主要有以下措施：

（1）针对高校突发事件的预防首先应该树立起正确的思想观念。人是理性的动物，行为受意识和意志的支配。因此，针对高校突发事件的预防，应该树立起正确的意识，更新思想观念。首先，应该强化忧患意识，牢固树立起以预防为主的思想观念。由于突发事件在客观上难以避免，我们必须要时刻做好预防突发事件的心理准备和物质准备，忧患意识则是做好突发事件预防的内在精神动力。其次，也应该牢固树立综合预防的观念。预防高校突发事件的发生实际上是一项非常烦琐的系统性工程，需要国家、社会、学校、家庭以及师生等多个主体携手联动、统一行动目标，共同努力，需要各个环节密切配合才能很好地起到预防的效果。最后，还应该牢固树立“以人为本”的观念。在高校中，以人为本就是以学生和老师及员工的根本利益为出发点。化解高校突发事件应该以说服为主、攻心为上，要以柔性思维来处理严峻的突发事件，避免事件的扩大化。

（2）要加强突发事件预防管理队伍建设。预防高校突发事件，有了正确的思想观念后还应该建立预防机制。首先，应该加强辅导员队伍建设。辅导员伴随着学生大学生活，是对学生影响最深刻的教育者之一。加强辅导员队伍建设主要是要提高其工作能力、责任心、促进他们掌握科学的工作方法。建立辅导员监督机制、评议考核机制以及参与决策机制以充分发挥辅导员队伍在预防高校突发事件工作中的重要作用。其次，要发挥大学生社团组织在高校危机事件预防过程中的作用。大学生社团组织是高校重要的群众性组织，具有自我管理、自我教育的功能。大学生社团组织会对学生产生潜移默化的影响，因此应该利用大学生社团组织的社会控制功能，发挥其在高校突发危机事件预防中的重要作用。

（3）健全高校突发事件的规章制度。建立健全各类突发事件应急管理机制，应该把各项预防措施落到实处，只有这样才有利于防患于未然。首先，应该建立校园安全保卫制度。高校要根据学校实际情况制定校园治安管理办法、大型活动治安管理条例等。定期对各职能部门履职说明书进行全面的检查，发现问题并及时提出整改意见。其次，应该建立校园网络管理制度。根据自身特点制定校园网的安全保护制度，确保网络环境的安全。同时还可以开通心理网站，开通咨询热线等。还应该建立校园食品安全制度。高校的学生食堂、商店等必须按照规定办理相应的卫生许可证，建立卫生管理制度，同时还应该对工作人员加强管理。最后，应该建立校园信息通报和信息沟通制度。

（4）应该掌握科学的方法预防高校突发事件。首先，应该依靠科学，尊重客观规律，促进预防工作的规范化。其次，应该落实责任，强化责任追究制度；明确相关负责人员的职责，以便在险情发生之后能够第一时间找到相应的负责人，及时处理险情。还应该注重硬件建设与软件建设两手抓。在完善制度的同时，还应该加强集体活动场地的检查和巡逻，发现险情应立即采取措施控制、消除险情；切不可玩忽职守，不顾师生员工安全。定时开展集体活动险情预防及应对的专题讲座，增强学校师生及员工相关逃生知识。

（5）学校师生在参加大型的集体活动时，要尽量穿平底系带的鞋子，让自己的穿着有利于安全疏散；在进入活动场地之前应该先观察四周情况，找到安全出口的位置，以便紧急情况下能够顺利离开；尽量避免在高峰时段进出场地，必须要遵守场地秩序，不能拥挤，以免发生踩踏事件；不能带易燃易爆等危险物品或大型包裹进入活动场地，以免造成恐慌或者拥挤，同时也应该主动配合安全人员的检查；在大型活动中，要保持平稳的心态，不能有妨碍别人、恶语伤人、故意引发矛盾等行为。

二、集体活动突发险情的危机应对方法

（一）明确高校集体活动突发险情的应对原则

高校集体活动突发险情的应对主要应该遵循以下几个原则：第一，统一领导原则。由于高校集体活动的突发事件大都涉及学校的全局，因此一切事件的应对必须要在学校党委、行政的统一领导之下进行。第二，分级负责原则。为了提高高校集体活动突发险情的应对效率和水平，不同领域或者不同部门的突发事件就应该由不同领域和不同部门的人来负责，要推进责任的层层落实，推进建立一个组织健全、权责分明、运行灵活、职能明确、统一高效的突发事件应对机制。第三，快速反应原则。很多集体活动突发事件都是没有任何预兆的。因此，指挥机构在决策和处理上的反应时间是相当有限的。为了保障学校决策的准确和科学性，就必须要畅通信息渠道，及时反映情况。第四，共同参与原则。高校在处理集体活动突发危机事件的时候，不但要强调决策层的核心地位，还要广泛动员学生、教职工、家长以及社会等多方面的参与。

（二）依照预案后和程序处理集体活动突发事件

首先，应该研究和判断情报的准确性，进行风险评估。要着力加强情报信息能力建设，建立多渠道、多层次的信息网络。针对各种可能发生的集体活动或突发事件，完善预测预警机制和应急预案。其次，要监控形势，判断事态。然后要控制事态的发展，把事件的影响控制在最小的范围。主要可以采取迅速隔离险境，转移注意力以及强制性干预等措施。然后要调查研究并制定对策。最后，要积极与内部外部进行沟通，取得理解。

（三）做好突发事件的善后处理

一方面是要尽快恢复正常的教学秩序；另一方面是要给予心理干预和心理疏导，促进心理恢复。

第三节　社会实践活动危机应对

一、顶岗实习

顶岗实习是学校、学生、企业三者联合的一种实习，是学校统一安排在校学生进行实业实习的一种方式，是指在基本上完成理论学习和掌握大部分基础技术之后，到相同专业的现场直接参与到产过程，并综合运用本专业所学的知识和技能，完成一定的生产任务，进一步获得对专业性质的感性认识，掌握实际操作技能，学习相关企业管理实践知识，养成正确劳动态度的一种实践性教学形式。在顶岗实习过程中，大学生经常遇到信任危机、工伤事故危机、经济赔偿危机等一系列危机，这些都将会对学生以及学校造成诸多不良影响。到底该如何应对顶岗实习中的危机呢？这需要学生、学校和企业三方面共同努力。

（一）学校层面

从教育过程来说，学生到企业进行顶岗实习，虽然教学行为和过程没有发生在学校，但是实习内容和过程依然是学校教育教学的重要组成部分，是学生将学习的理论知识转化为实际操作技能的关键环节。对在校学生来说，它更是一个能够在真实的工作环境中培养严谨严肃的工作作风、良好的职业道德和素质的重要步骤。学校在组织学生进行实习时，不能单方面地把学生安全作为一切工作的出发点和落脚点。除了安全问题，其他一律不管的行为不可取。实习是一个不可或缺的重要教育过程。对于以培养高技能人才为目标的职业教育来说，更是要将思想指导和行为引领渗透到学生顶岗实习的每个细节之中。

所以，专业对口原则是学校在组织学生进行顶岗实习时首要考虑的原则。如果学校仅仅将学生视为为其赚取一定利益的廉价劳动力，甚至以此来激发企业提供相应的对口岗位的动力，不仅与其制定的人才培养目标相背离，这样的“校企合作”也是不可能持续的。如果把顶岗实习看成是简单劳动，把实习学生看成简单劳动力的话，这样不但不能达到学校实习设计的目的效果，还会使学生对实习失去兴趣，开始厌烦实习，从而影响其对本专业的正确认知。而学校怎样才能确保学生正常有序进行顶岗实习呢？具体从以下几个方面开展：

（1）学校应该做好培育人才的本职工作，要努力提高人才培育的工作质量。学校作为教育基地，应该对顶岗实习生进行相应的专业知识和专业技能的训练和培育。力所能及地提高顶岗实习学生的能力水平，以减少实习期间事故发生率。

（2）做好学生的思想教育工作，要让学生明白顶岗实习的重要性和有利之处，调动他们的积极性。学生是顶岗实习的主体，只有提高学生自我的安全意识和主动意识，才能真正地把顶岗实习工作做好，才能圆满完成实习任务。

（3）要建立健全关于顶岗实习的相关制度，要对实习要求、实习方式、实习安全等作出明确的说明。俗话说，没有规矩不成方圆。在顶岗实习当中，学校作为人才输出方，应有规范性文件具体说明需顶岗实习的专业、实习时间、实习方式、实习安全等。

（4）要安排足够的实习指导老师，进行必要的岗前培训。顶岗实习生虽然对所需知识有一定的了解，但是毕竟万事开头难，所以岗前培训十分重要。还有专业指导老师的配备也是必需的，在某些特殊情况下必须有指导老师的陪同。

（5）要联合家长、企业共同管理和监督实习生。三方联合的监督和管理，能更好地促进顶岗实习生完成实习任务，也更能确保学生的安全。

（6）做好宣传工作，鼓励参加顶岗实习的同学购买意外保险。意外不可控，唯一能做的就是把损失降到最低，保险是不二选择。通过宣传、鼓励同学购买保险，可以在一定程度上降低意外事故所造成的损失，同时也能给人一种安心和踏实的感觉。

（二）企业层面

（1）要制定相关的制度，严格规定学生的工作时间和工作内容。企业作为人才输入方，须有相关制度安排，实习生的工作时间和工作内容需要做详实安排。

（2）要保障相关工作规范、有序地进行，保障学生在实习过程中的生命财产安全。必要的工作秩序是保障工作有条不紊地进行的一个重要条件。为了企业和学生的共同发展，企业需要尽可能地创造良好环境，保障学生在实习期间的生命财产安全。

（3）要及时和合作学校沟通，有针对性地制定和完善考评制度，做到实习结果的客观真实，以真正达到实习效果。

（4）要与合作学校制定出学生顶岗实习的安全预案，不管怎样的工作环境，都需要有自己的紧急预案，不至于意外发生时手足无措，最大程度降低意外风险和损失。

（三）个人层面

（1）要严格要求自己，树立起劳动纪律观念，严格遵守企业的管理制度，不能够由着自己的想法做事情，真正做到严于律己，没有坏思想，不做坏事情，兢兢业业，形成良好习惯和工作态度。

（2）要增强危机防范意识。俗话说，防人之心不可无，害人之心不可有。增加自己的危机意识，在面对危机时不过于胆怯，也不过于得理不饶人，学会用正确渠道和途径维护自身生命财产安全和自身合法权益，善于和敢于同危害自己人身财产安全的危险分子说不，积极维护自身权益。

（3）努力提升自己的相关技能和知识，真正领悟实习的深刻目的，为自己技能的提高而努力奋斗。在实习期间遵纪守法，遵规守纪，给企业留下好的印象，也给自己的未来做铺垫，在外实习代表学校，争取做到不给学校抹黑，不让学校因为自己受到不良评价，积极给学校树立良好的形象。

二、实验实训

实验实训是大学生将知识进行运用的重要过程，是提升自身能力的重要方法，是最大限度地掌握知识的重要途径。实验室作为一种公共领域，人流量和使用率都是较高的，也正因此，即使实验室保护得再好，在实验实训的过程中难免会出现一些安全问题和危机。针对实验实训中出现的问题和危机，主要有以下几种处理方式：

（一）学校层面

（1）加强对学生的安全教育。增强学生的安全意识，规范学生的实验操作，减少安全问题发生的可能性。学生作为实验的主体，实验室里的大多数时间是属于学生的。只有把学生这个群体的安全教育和安全意识提升上去，实验室的安全问题才能得到根本性的解决，才能真正做到防患于未然。

（2）加强科学化的管理。按照本校《实验实训中心岗位职责》的具体要求，制订仪器设备和低值耐用品的保管和使用细则。管理好技术资料，防止散失、损坏。在部门主管批准之前，杜绝一切任意调动和对外使用等行为的发生。对实验室和实训基地进行定期检查，排除安全隐患。实验实训室应结合实际情况，建立健全安全制度，明确专人问责。对易燃、易爆物品应按章程领用、存放、退库，杜绝个人随意处理现象的发生。

（3）制定相关制度。明确规定实验实训时应注意的问题，实验实训的教师和学生在实验实训之前应做好充分准备工作，熟悉仪器和操作规程。实验实训进行时，应注意实训安全。发现故障时，应立即作事故紧急处理。防止事故扩大，并及时报告有关领导及部门。

（二）学生层面

（1）自觉遵守相关规定。按要求完成实验实训任务，不能无组织无纪律，进入实验室之后，严格遵守实验室管理制度规定和老师的要求，有组织、有纪律地逐步进行实验，确保实验室秩序井然，有条不紊。

（2）加强理论学习。增强自己的理论知识储备，明确清晰实验室的实验流程，牢记实验室药品的性质和作用，操作步骤等时刻牢记，遇到不清楚的地方要及时向实验指导老师询问，不擅作主张，也不随意妄为。

（3）增强自己的安全意识和大局意识。服从统一安排，不单独行动，时刻注意实验指导老师的要求，不去尝试危险的事情，也不轻易尝试结果未知的实验。同学之间应该相互帮助和相互监督，自己不做危险的事情，同时制止他人的危险行为。

（4）如果发生了险情和实验意外，首先应该保障自身生命财产安全，然后及时求助，以防止险情扩大化，尽可能地降低实验室的破坏程度，保证人身和公共财产安全。

三、社会实践活动

社会实践，即假期实习或是校外实习。对于在校大学生而言，社会实践具有加深对本专业的了解、确认适合的职业、为向职场过渡做准备、增强就业竞争优势等多方面的现实意义。理论联系实际是党的优良传统和优良作风，教育与生产劳动和社会实践相结合是党和国家的教育方针的重要内容，理论教育和实践教育相结合是大学生思想政治教育的根本原则。大学生参加社会实践，能够了解社会、认识国情、增长才干、奉献社会、锻炼毅力、培养品格。对于深化对党的路线方针政策的认识，坚定在中国共产党领导下，走中国特色社会主义道路，实现中华民族伟大复兴的共同理想和信念，增强历史使命感和社会责任感，具有不可替代的重要作用；对于培养中国特色社会主义事业的合格建设者和可靠接班人具有极其重要的意义。社会实践活动是大学生认识社会、融入社会的重要举措之一。由于社会实践活动深入社会，学生们初次步入社会对社会了解甚浅，因此发生安全危机的可能性也很大，针对社会实践活动中发生的安全问题，主要有以下应对措施：

（一）学校和社会层面

（1）应该给予大学生社会实践足够的支持，大学生社会实践是贯彻党的理论联系实际的优良传统和作风，对于国家、学校和个人都有着不可替代的重大意义。因此学校应当及时帮助他们解决困难，积极引导大学生自觉主动进行社会实践，不要故意拖延大学生社会实践活动的进展。

（2）争取创造更多的实践机会提供给大学生，通过多方合作包括政社企三方主要成员在内多种合作形式，积极创造更多的社会实践机会和平台提供给大学生，积极引导学生自行寻找实践机会，以促进社会实践的多元化进行。

（3）学校应该开设专门的课程供有意愿参加社会实践活动的大学生学习，社会实践是理论联系实际的一个重要途径，但是对于实践什么，怎么进行实践，这样的问题对于大学生来说或多或少存在，这就需要学校及时提供专业知识的补给，为大学生明确实践内容指明方向和道路。

（4）加强宣传，在宣传参与社会实践活动的同时，也必须进行社会保险的购买宣传，我们都知道购买保险是规避风险的重要方式，所以在进行社会实践活动宣传的时候，也需要鼓励大学生购买保险。

（二）学生层面

（1）明确社会实践的目的所在，制订正确和可行的活动策划，在参加社会实践活动之前应该制订活动应急预案，而且应急预案的撰写应该尽可能详细和具体，以防万一。

（2）要主动购买意外保险，保险是规避风险的重要途径，在出行之前购买好意外保险，以确保生命安全和财产安全；还能在一定程度上给社会实践成员心理慰藉。

（3）出门在外应该懂得吃亏，俗话说吃亏就是赚到，不能得理不饶人，要尽可能地理解和包容他人，更要服从当地接待人员的安排，尽量不给他人制造麻烦，在艰苦条件里要尽快适应，要具有吃苦耐劳的精神和态度，积极发扬党的吃苦耐劳的优良传统。

（4）要有集体意识和大局意识，出门在外是一个团体活动，团队成员每个人都有不可或缺的作用，在进行社会活动时，要时时刻刻跟随着团体的步伐，紧跟团队走，不能单独行动，听队长的统一指挥，统一行动。

（5）与人沟通和交流应该有礼貌、有素养，体现一个合格大学生的基本素质。每到一个地方应该尊重当地风俗习惯，入乡随俗，不对民族习惯和风俗进行不理解的直接表达，不可有歧视或者侮辱性的言行，时时刻刻谨记民族包容和团结的精神。

第四节　体育运动安全危机应对

一、体育运动安全危机预防

（一）体育课及日常锻炼安全危机预防

体育运动安全在很大程度上受到运动损伤的威胁，上至专业运动员，下至平民百姓，都在一定程度上被运动损伤所影响。可以说，我国目前体育运动安全的形势不容乐观。在体育课以及日常锻炼过程中保障学生运动安全、减少受伤情况的发生，应该从以下几个方面去预防：

（1）建立安全制度和管理制度，配备专职卫生技术人员，制订风险防控制度和体育运动伤害事故处理预案，以期最大限度地降低体育伤害事故的发生和危害最小化。

（2）确保场地器材质量符合国家或行业标准，无安全隐患存在，经常性地对场地器材进行检查和更新，及时发现和解决场地器材安全隐患，以确保体育伤害事故源头不在于场地和器材等可规避性问题。

（3）合理布局不同体育项目活动区域，可选择设置隔离防护措施避免交叉使用，以减少体育项目活动区域交叉使用而导致体育伤害事故的发生。

（4）建立健全学校放学期间的校园巡查制度，对存在的运动安全隐患及时发现，尤其严格把控低年级学生入校时间和体育运动时间，避免在没有老师指导下进行高风险运动项目活动，以降低体育伤害事故的发生。

（5）严格把控体育器材的管理，避免高风险运动项目器材的无序使用和高频率使用，在使用前应该对学生进行器材使用说明，警戒由不规则不正确使用器材而导致的体育伤害事故的发生。

（6）定时进行健康检查。应该定期做体检，身体不好的同学应该减轻运动负担，不能逞强，要学会自我监督，随时留意自身身体状况，注意观察身体机能的变化。若出现不良反应，及时跟老师反映情况并采取应急措施。坚决禁止有心脏病或其他不适合参与体育活动的疾病以及隐瞒病情、勉强带病参加活动。

（7）合理制订锻炼计划，遵循循序渐进的原则，不能制订不科学的锻炼目标。做好运动前准备，要着运动服装，各种金属或者玻璃装饰物不能在运动时佩戴，更不能携带便利刀、尖锐钥匙等尖利物品。做好热身准备活动。参加体育活动要根据身体素质条件，选择最有利于增强体质的运动类型和运动强度。可循序渐进，由易到难，从小到大。负荷过小，对身体作用不大；负荷过大，会损害身体；只有适宜的运动类型和运动强度，才能有效地增强身体体质，达到健身效果，从而提高健康水平。老师也应该合理安排体育课的运动负荷，以免对身体带来不良影响。

（8）要明确运动训练的禁忌症，凡是有下列症状或疾病的学生都应该尽量避免剧烈运动，包括先天性心脏病、高血压、运动神经疾病等运动禁忌症及任何体温增高的急性疾病、各种内脏疾病（心、肺、肝、肾和胃肠疾病）的急性阶段、有出血倾向的疾病，如肺及支气管咳血、鼻出血，伤后不久而有出血危险，消化道出血后不久等、恶性肿瘤、传染病及慢性疾病，如乙肝等。而患有这些疾病的学生，应禁止参加长跑等长时间剧烈运动，同时，学生自己也应树立正确的运动观。

（9)要注意采取适当的恢复措施，在体育课或者锻炼结束之后应注意补充营养物质，采取合理的措施恢复身体机能。体育运动中会消耗大量的能量，所以在运动后（运动前也应适当补充能量）的科学饮食就显得十分重要，饮食必须保证身体的需要，确保取得最佳锻炼效果。运动结束半小时至 1 小时后进餐尽量避免喝含有咖啡因的饮料、5 ~ 10 分钟后饮水（含盐）等都是较为科学的饮食方式。

（二）运动会安全危机预防

运动会中的比赛都是高强度的运动，也是极易受伤的运动，因此应做好运动会安全预防工作，主要有以下措施：

（1）在比赛前要对运动员的身体健康情况进行检查，确认身体无恙才能参加比赛，比赛是高强度的运动，稍有一点不适都有可能导致体育伤害事故的发生，所以必须在赛前对运动员进行体检。

（2）加强运动安全理论教育，拒绝麻痹大意等不良思想。认真做好准备活动，参加比赛前做好准备活动，以使身体适应比赛，对可能发生运动损伤的环节和易伤部位要做好及时防护。

（3）合理制订和安排比赛计划，尽可能保证各个项目的运动员有足够的休息时间，运动员在赛前的等待时间里，要注意对身体进行保暖，春秋季节应当在轻便的运动服装外再穿上防寒外衣。

（4）在比赛现场应该配备医护人员和相关药品，以便对比赛中出现的伤病及时处理，在比赛的高强度运动中，伤病在所难免，应该采取及时就医和处理措施对运动员进行紧急处理以降低伤害程度。

（5）学校课余体育训练和体育比赛的举行和参加应该遵循和坚持自愿原则，且应当根据活动或比赛的具体要求向学生及家长提供安全告知书，获得学生家长的书面反馈意见。

（6）训练、赛前对训练安全、竞赛规则等注意事项进行教育。安全教育必须进行，必须清晰告知安全隐患存在及了解预防措施。

（7）训练时应根据学生年龄、性别差异确定合理强度和训练方法，男女有别且个体差异很明显，教练员在制订训练方法和方式时必须充分考虑这些因素以规避体育伤害事故的发生。

（三）校内游泳安全危机预防

游泳不仅能够防暑降温，而且是锻炼身体的有效方法，是大学生很喜欢的运动项目。但是游泳也是一项危险的项目，需要从以下几个方面来预防安全事故的发生：

（1）首先应该掌握游泳基本的常识，明白游泳的禁忌以及溺水的处理方法，常识和处理方法的掌握能充分地降低安全事故发生率。

（2）在进行游泳之前必要的准备活动应该做足。特别是夏季，夏季天气炎热，如果不做准备活动马上入水，在夏季的高温炎热环境下，水温、体温、气温相差都很大。骤然入水，身体毛孔遇上温度较低的泳池水会迅速收缩，刺激感觉神经，而在这样的情况下轻则引起肢体抽筋，重则发生反射性心脏停搏休克，非常容易造成溺水身亡。在游泳前可通过以下几种方法进行准备活动，通过跳跃、慢跑 2 ~ 4 分钟使身体发热但不出汗，这样是为了使体内各个器官进入一种活动的状态；做徒手操：使身体各关节、韧带及身体肌肉做好充分活动准备，以防受伤；在入水前用凉水淋浴，使得身体适应水温，然后下水；水上准备工作。入水后不要立即加速游泳，也不要立即游入深水区，应该在浅水区适应一段时间后，再缓缓加速游入深水区进行游泳活动。

（3）学校要在游泳池配备专业的救生员，在学生游泳时全程陪伴，发生紧急情况时以便对溺水的人能够及时救援。

（4）开设游泳课，进行游泳知识讲解，介绍相关的自救方法；游泳专业知识的掌握对游泳安全是保障性的存在，游泳课的开设能够补给游泳安全知识，从根本上降低游泳安全事故的发生。

二、体育运动安全危机应对

体育课、日常锻炼及运动会安全危机应对：

（1）学校要加强安全教育，健全和规范安全管理制度。

（2）教师应加强课堂安全管理，合理组织教学。

（3）学生应加强自我监管，提高运动安全意识和自我保护意识。

（4）出现安全危机之后，学生不能随意处理，要及时找到相关医护人员进行处理。

（5）如果出现昏厥，应该及时采取措施，保证呼吸正常和生命安全，及时补充营养物质。

（6）如果出现流血，应该及时止血，寻求帮助到医院作进一步处理。

（7）如果出现骨折，不宜乱动身体位置，应寻求帮助到医院就诊，切不可自我接骨等。

（8）在游泳过程中，如果出现抽筋，应迅速找到依靠物体，然后及时求救。

（9）如果在游泳过程中发现有人溺水，不应擅自去救，应该及时呼救，找到专业救生员实施救援。

参考文献

[1] 陈红英，舒刚. 大学生心理健康教程[M]. 武汉：武汉大学出版社，2012.

[2] 陈华龙. 大学生入学教育[M]. 长沙：中南大学出版社，2013.

[3] 胡邦曜. 知识守护生命：大学生避灾自救互救手册[M]. 广州：华南理工大学出版社，2009.

[4] 黄胜泉. 大学生安全教育[M]. 长沙：中南大学出版社，2005.

[5] 黄旭. 新时期青年学生素质教育[M]. 长沙：中南大学出版社，2004.

[6] 孔晓东. 大学生心理健康导引[M]. 武汉：华中科技大学出版社，2011.

[7] 李啟金，汪瑞军，胡志国. 大学生入学教育[M]. 天津：天津大学出版社，2011.

[8] 李万县. 大学生心理健康：问题与对策[M]. 北京：中国铁道出版社，2004.

[9] 李峥嵘. 大学生安全知识教程[M]. 西安：西安交通大学出版社，2011.

[10] 李志. 大学生安全知识教程[M]. 武汉：湖北人民出版社，2008.

[11] 连榕. 教育心理学概论[M]. 北京：北京大学出版社，2009.

[12] 林昌荣. 职业指导概论[M]. 长沙：中南大学出版社，2004.

[13] 刘新民，李珑. 大学生心理健康的维护与调适[M]. 北京：中国科学技术大学出版社，2012.

[14] 史文权，杨柳春. 大学生公共安全教育[M]. 武汉：武汉大学出版社，2010.

[15] 宋宝萍. 大学生心理健康教育[M]西安：西安电子科技大学出版，2007.

[16] 王汉民，孟晓乐. 大学生安全教育[M]. 北京：中国农业出版社，2006.

[17] 王若阳. 新时期维护高校稳定工作体系及机制研究[M]. 北京：中国人民公安大学出版社，2009.

[18] 巫殷文. 学生安全教育手册[M]. 北京：经济科学出版社，2008.

[19] 吴博. 女性心理健康教育[M]. 西安：西安电子科技大学出版社，2013.

[20] 肖波. 大学生安全教育[M]. 成都：电子科技大学出版社，2011.

[21] 张松. 大学生心理健康教育[M]. 武汉：武汉大学出版社，2012.

[22] 张体勤，牟思伦. 大学生诚信修养概论[M]. 济南：山东人民出版社，2008.

[23] 张振县，卿洪华. 大学生体育与健康教程[M]. 长沙：中南大学出版社，2013.

[24] 曾红媛，何进军，陈龙图. 大学生心理健康教育[M]. 上海：复旦大学出版社，2013.

[25] 周阿亚. 大学生安全教程[M]. 镇江：江苏大学出版社，2008.

[26] 曹小燕. 网络游戏成瘾及防沉迷系统与心理干预对策研究[D]. 上海：华东师范大学，2007.
[27] 陈丽娟. 女大学生安全意识培育研究[D]. 郑州：郑州大学，2016.
[28] 陈秋珠. 赛博空间的人际交往[D]. 长春：吉林大学，2006.
[29] 陈润瑶. 社会排斥情境下自我同情对大学生人际交往意愿的影响[D]. 济南：济南大学，2017.
[30] 陈霞. 大学生社会支持对网络人际交往的影响：心理韧性的中介作用[D]. 成都：四川师范大学，2017.
[31] 程诗敏. 风险社会视域下大学生安全素质提升研究[D]. 北京：首都师范大学，2014.
[32] 方怀芒. 大学生校园安全问题对策研究[D]. 南昌：南昌大学，2013.
[33] 丰蕊. 高校在校园伤害事故中的侵权责任探讨[D]. 北京：首都经济贸易大学，2012.
[34] 高芬. 安徽新华学院校园安全管理问题与对策研究[D]. 合肥：安徽大学，2016.
[35] 高岩. 当代大学生社会安全感现状及对策研究[D]. 沈阳：沈阳农业大学，2016.
[36] 韩俊贵. 高校学生人际关系影响因素研究[D]. 南昌：江西财经大学，2017.
[37] 侯天秋. 大学生外倾性、情绪调节自我效能感与人际关系困扰的关系研究[D]. 开封：河南大学，2017.
[38] 李蔚然. 基于突发事件的大学生思想政治教育研究[D]. 武汉：中国地质大学，2013.
[39] 梁榕尹. 大学生网络安全意识教育研究[D]. 桂林：广西师范大学，2017.
[40] 廖建秀. 大学生安全意识状况及教育对策研究[D]. 武汉：华中师范大学，2014.
[41] 刘双. 大学生友善观念培育研究[D]. 长春：东北师范大学，2017.
[42] 马巍亮. 大学生人身伤害事故的法律思考及预防机制的完善[D]. 武汉：武汉工程大学，2015.
[43] 彭阳慈航. 大学生网络安全教育研究[D]. 武汉：武汉纺织大学，2013.
[44] 孙美. 人格特质和人际关系困扰的关系研究：防御方式的中介作用[D]. 长沙：湖南师范大学，2017.
[45] 孙若东. 大学生自我接纳、社会支持、孤独感与人际关系的关系研究[D]. 哈尔滨：哈尔滨师范大学，2017.
[46] 田志盾. 大学生安全认知能力及其对安全行为的影响研究[D]. 北京：北京交通大学，2015.
[47] 王芳. 新媒体时代大学生网络人际交往研究[D]. 大庆：东北石油大学，2017.
[48] 王雯霞. 大学生安全教育与管理研究[D]. 太原：太原科技大学，2011.
[49] 夏明香. 高校思想政治教育中学生的能动性研究[D]. 重庆：西南师范大学，2012.

[50] 许志红. 大学生人际困扰与应对策略的心理社会机制及认知干预[D]. 长春：吉林大学，2010.

[51] 薛金侠. 大学生安全意识及其培养路径探析[D]. 石家庄：河北师范大学，2014.

[52] 余强. 青少年学生网络游戏成瘾及其影响因素研究[D]. 重庆：西南大学，2007.

[53] 张妍. 高校大学生人身安全素养培育研究[D]. 大连：辽宁师范大学，2016.

[54] 张云芳. 网络道德失范对青少年犯罪影响的实证研究[D]. 新乡：河南师范大学，2014.

[55] 赵雪. 大学生安全教育体系研究[D]. 杭州：中国计量学院，2014.

[56] 邹勇. 大学生安全意识教育研究[D]. 重庆：西南大学，2014.

[57] 陈世伟，熊花. 大学生网络信息安全教育探析[J]. 武汉科技学院学报，2005（1）：101-103.

[58] 陈秀珍. 大学生安全意识水平及安全需求分析[J]. 北京工业职业技术学院学报，2017（16）：75-79.

[59] 程菊斐，郑国姣. 大学生安全用药知识与行为调查[J]. 浙江预防医学，2014（26）：962-964.

[60] 程诗敏. 从冲突理论视角看大学生安全教育工作[J]. 学校党建与思想教育，2013（20）：67-69.

[61] 程诗敏. 基于思想政治教育的大学生安全教育工作探析[J]. 学校党建与思想教育，2012（21）：48-50，68.

[62] 崔常铭，刘伟，刘冠廷. 浅谈加强大学生安全教育与管理工作[J]. 教育探索，2013（3）：119-121.

[63] 邓国林. 论加强大学生的安全教育[J]. 苏州大学学报，2005（5）：127-129.

[64] 符明秋，王洁. 高校防治大学生网络成瘾的对策研究[J]. 重庆邮电大学学报（社会科学版），2016（28）：83-88.

[65] 葛冬冬."全人发展"教育理念下大学生安全教育探索[J]. 北京教育（高教版），2008（1）：34-36.

[66] 葛冬冬. 公共安全风险防控视域下大学生安全教育探究——基于对上海外滩拥挤踩踏事件的思考[J]. 思想教育研究，2015（4）：77-80.

[67] 宫运华，王镇. 大学生不安全行为形成机理研究[J]. 中国安全科学学报，2014，24（10）：3-7.

[68] 龚兵. 大学生安全教育的发展历程与时代价值[J]. 黑龙江高教研究，2015（9）：72-75.

[69] 韩标，刘再起，黄学永. 高校学生安全教育探索[J]. 思想教育研究，2013（7）：86-89.

[70] 郝占辉. 大学生人身伤害事故的处置规范及警示意义[J]. 学理论，2014（26）：262-263.

[71] 何伟，薛琳，朱必法. 基于大数据挖掘的大学生安全管理预警模式构建[J]. 学校党建与思想教育，2017（20）：57-59.

[72] 胡华荣. 女大学生自我安全意识与应急能力探讨[J]. 当代教育理论与实践，2011，3（10）：61-63.

[73] 胡如朝. 论大学生安全教育体系的构建[J]. 湖南科技学院学报，2010（31）：169-171.

[74] 胡艳杰. 浅谈大学生安全防范意识的培养[J]. 陕西师范大学学报（哲学社会科学版），2005（S1）：260-262.

[75] 黄如兰. 大学生安全防范意识现状调查及培养途径研究[J]. 吉林省教育学院学报，2011（27）：12-13.

[76] 霍彩芳. 浅析影响大学生心理素质的因素[J]. 科技情报开发与经济，2005（17）：241-242.

[77] 贾五星. 新形势下大学生的安全防范问题[J]. 考试周刊，2007（3）：21-22.

[78] 姜土生，邓卓明. 大学生心理危机类型分析[J]. 当代青年研究，2013（2）：98-103.

[79] 蒋夏宁. 大学生安全教育问题的几点思考[J]. 扬州大学学报（高教研究版），2003（4）：82-84.

[80] 金文斌. 高校发展的新特点对大学生安全的影响[J]. 山东省青年管理干部学院学报，2005（1）：78-79.

[81] 李进忠. 论大学生安全意识的培养[J]. 西安邮电学院学报，2011（16）：149-151.

[82] 李凯. 试析大学生管理中的常见安全问题和对策[J]. 高考（综合版），2014（1）：79.

[83] 李强. 浅谈新媒体对当代大学生人际交往的影响[J]. 中国报业，2017（22）：85-86.

[84] 李乔. 网络不良信息对未成年人健康成长的危害及消除[J]. 中州学刊，2007（6）：113-115.

[85] 李燕. 高校女大学生安全防范意识探析[J]. 学理论，2015（34）：105-106.

[86] 梁虹，杨琨. 浅谈加强大学生安全教育的意义与途径[J]. 新校园（上旬），2015（13）：142.

[87] 梁姗姗. 大学生安全教育缺失及高校安全管理体系的构筑[J]. 内蒙古师范大学学报（教育科学版），2009（22）：35-37.

[88] 廖先明. 大学生安全教育的基本原则和主要内容[J]. 中国电力教育，2008（23）：166-167.
[89] 林桂红. 浅谈高校大学生安全教育[J]. 经济与社会发展，2012（10）：140-143.
[90] 刘兴德，贾水库，王叶波，等. 试述大学生安全教育问题[J]. 求实，2004（S4）：260-261.
[91] 龙思珍. 关于《大学生安全教育》课程教学改革的若干思考[J]. 教育教学论坛，2014（17）：31-32.
[92] 马丹. 高校辅导员加强大学生安全教育与管理的难点与对策分析[J]. 法制博览，2016（15）：285-286.
[93] 蒙裕兴，李慧. 网络综合征的危害及其防治对策[J]. 广东工业大学学报（社会科学版），2004（S1）：244-246.
[94] 潘静. 高校安全管理与大学生安全教育[J]. 扬州教育学院学报，2014（32）：50-52.
[95] 裴劲松，高艳，邓小凤，等. 着力构建大学生安全教育立体新格局[J]. 中国高等教育，2009（Z2）：75-76.
[96] 秦琴，齐福荣. 高等学校公共安全教育研究[J]. 中国安全生产科学技术，2009（5）：154-157.
[97] 冉祥华. 大学生心理障碍及其调适[J]. 商丘师范学院学报，2000（3）：101-103.
[98] 任海波. 高校大学生安全意识调查研究——以河南科技学院为调查对象[J]. 延边党校学报，2015（31）：82-84.
[99] 任丽平. 试论大学生安全教育[J]. 西华师范大学学报（哲学社会科学版），2006（4）：137-139.
[100] 宋国辉，张笑昆. 中学生生命安全教育课程的构建与教学模式研究[J]. 教书育人，2013（24）：82-83.
[101] 宋鹄，周德贵. 大学生安全教育探索[J]. 重庆交通大学学报（社会科学版），2011（11）：100-102.
[102] 宋洋. 大学生政治安全观教育研究[J]. 科教导刊（上旬刊），2015（12）：175-176.
[103] 孙婵. 大学生安全意识与应急能力培养探究[J]. 当代教育理论与实践，2011（3）：35-36.
[104] 孙光辉. 关于新时期大学生安全教育的几点思考[J]. 安徽理工大学学报（社会科学版），2006（4）：68-70.
[105] 覃宪儒，李扬. 大学生安全意识教育模式创新研究[J]. 前沿，2013（17）：108-109，127.
[106] 汪小容，苟亚春，刘孝群，等. 大学生人际交往现状及对策研究——以西南交通大学为例[J]. 教育与教学研究，2017，31（11）：60-66.

[107] 王鲁江，黄德沂. 对青少年网络综合征心理成因的探讨[J]. 理论学习，2007（7）：26.

[108] 王平. 大学生人际交往能力和行为困扰调查分析[J]. 大学（研究版），2017（9）：81-87，72.

[109] 王小君，田宝贵. 女大学生安全意识现状及“三位一体”安全教育模式探究[J]. 东华理工大学学报（社会科学版），2016（35）：393-396.

[110] 王燕. 大学生安全教育与管理现状调查以及策略分析[J]. 科教导刊（中旬刊），2016（1Z）：189-190.

[111] 王颖，倪佳琪，石月婵. 大学生人际交往能力发展特点及其与心理健康的关系研究[J]. 北京教育（德育），2017（12）：20-23.

[112] 韦庆辛. 新时期加强和改进大学生安全教育的实践与探索[J]. 中国安全科学学报，2009（19）：67-71.

[113] 吴彩虹. 大学生校园人身安全风险及其防范[J]. 法制与社会，2010（3）：164-165.

[114] 吴进. 新时期大学生安全教育探析[J]. 金陵科技学院学报（社会科学版），2013（27）：85-88.

[115] 武敏，李艳，陶士超. 当代大学生安全意识与能力问题研究[J]. 安徽农业大学学报（社会科学版），2009（18）：122-125.

[116] 徐茂，杨睿. 大学生安全意识的现状及对策研究——以重庆科技学院为例[J]. 经济研究导刊，2013（20）：243-244.

[117] 徐学钢，谢鹏. 从失联事件看大学生安全教育工作面临的问题及对策[J]. 科教文汇（上旬刊），2015（13）：146-147.

[118] 杨爱梅. 青少年“网络综合征”及其治理[J]. 当代教育科学，2006（15）：46.

[119] 杨能山. 高校安全教育：大学生思想政治教育的必修课[J]. 湖南社会科学，2007（5）：161-163.

[120] 杨震. 大学生安全教育的理念与原则[J]. 中国高等教育，2015（2）：36-38.

[121] 衣庆泳. 大学生公共安全教育现状调查与分析[J]. 高校辅导员学刊，2012（4）：32-35.

[122] 余德锋. 浅析大学生安全教育存在的问题与对策[J]. 安徽科技学院学报，2006，20（2）：94-96.

[123] 余宏明. 高等学校安全教育浅议[J]. 泰州职业技术学院报，2004（5）：74-76.

[124] 袁健. 大学生安全教育的思考[J]. 科技情报开发与经济，2008，18（6）：193-194.

[125] 张斌，邱致燕，蒋怀滨，等. 大学生孤独感、负性情绪与手机成瘾的关系[J]. 集美大学学报（教育科学版），2015（16）：41-45.

[126] 张大林. 高校大学生安全教育探析[J]. 现代经济信息，2009（22）：355-356.

[127] 赵柯，兰婷. 大学生校园人身安全责任研究[J]. 社科纵横（新理论版），2013（28）：146-147.

[128] 赵英. 大学生安全问题的影响因素及应对措施[J]. 教育与职业，2014（20）：63-64.

[129] 郑恒毅，王伟，刘瑜. “互联网+”时代大学生安全教育探索[J]. 重庆大学学报（社会科学版），2016（22）：212-218.

[130] 周德贵. 大学生安全教育接受机制的构建[J]. 教育与职业，2016（3）：56-58.

[131] 周艳柯，王崇. 当代女大学生安全教育问题的现状及对策分析[J]. 经济研究导刊，2015（17）：78-80.

[132] 朱焕. 高校危机事件的诱因及善后管理[J]. 教书育人，2012（21）：26-27.

[133] 朱卫国，潘彬. 大学生安全教育存在的问题及对策[J]. 教育探索，2015（5）：65-67.